MISERICORDIOSAMENTE

GOZANDO DEL FRUTO
EN TU TIERRA DE AFLICCIÓN

GEORGE PANTAGES

George Pantages Ministries

Copyright © 2013

Misericordiosamente Afligido

Impreso en los Estados Unidos de América

Por George Pantages

ISBN 978-0-9827695-7-7

Todos los derechos reservados exclusivamente por el autor. El autor garantiza a todos el contenido es original y no infringir los derechos legales de ninguna otra persona o el trabajo. Ninguna parte de este libro puede ser reproducida en cualquier forma sin el permiso del autor. Las opiniones expresadas en este libro no son necesariamente las del editor.

A menos que se especifique lo contrario, todos los pasajes de las Escrituras son extraídos de la versión Reina Valera 1960.

Las palabras mencionadas en paréntesis cuadrados son referencias a palabras usadas en NKJV.

George Pantages Ministries

Cell 512 785-6324
geopanjr@yahoo.com
Georgepantages.com

INDICE

Capítulo 1
Misericordiosamente Afligido............................... 9

Capítulo 2
Joyas Escondidas.. 23

Capitulo
Cicatrices de Guerra.. 37

Capítulo 4
El Soldado Desconocido 51

Capítulo 5
En El Ojo del Observador.................................... 65

Capítulo 6
Gozando del Fruto
En tu Tierra de Aflicción...................................... 79

Capítulo 7
La Ternura de la Mujer.. 93

Capítulo 8
El Oyó mi Clamor 107

Capítulo 9
En la Palma de Sus Manos.................................. 121

Capítulo 10
Sin Embargo, Dios Hará Camino......................... 135

DEDICACION

Me gustaría dedicar este libro a dos grande hombres de Dios, unos que el Señor eligió para ayudar a avanzar mi ministerio cuando nos cambiamos a Texas:

John Burnett - Tomó un movimiento genuino de Dios en su vida para cambiar de opinión acerca de mi ministerio y me alegro de que sucediera. No porque se convirtió en tan gran influencia en abrir puertas para mí en ministerios hispanos, pero el hecho de que con ese cambio gané un gran amigo. Admiro su fervor por Dios y cómo su amor por los demás es un verdadero ejemplo del amor de Cristo. Lo que ha hecho un impacto aún mayor en mi vida es su integridad. Gracias por ser el gran ejemplo que ha sido, pero aún más por lo que estoy agradecido nos hemos convertido en colegas con una visión similar para el perdido. Una vez más, gracias mi amigo, ¡gracias!

Leon Suggett-Cuando mi programa de escribe mientras hablas trató de escribir su nombre completo salió Leon "lo dijo." ¿Cómo lo sabía? Desde el primer día que nos conocimos hasta ahora me ha hablado hasta caerse mis oídos y poco más. Pero lo que más admiro de usted más es que cuando habla, siempre es acerca de las cosas del Señor. Cuando inicialmente le gusto mi ministerio y me prometió conectarme con otros pastores en la organización, no estaba seguro de tomarlo en serio o no. Sin duda cumplió con su parte del trato cuando me conecto con Jeff Arnold y ya dicho eso nunca dudare de su palabra jamás. Hablando en serio, gracias por todas las historias, testimonios, y aliento que me ha dado, que no tienen precio!

RECONOCIMIENTO

Me gustaría aprovechar el tiempo para apreciar las siguientes personas por su contribución en la publicación de este libro:

Michelle Levigne - Editor de Inglés

Gianna Barcelli - Traductor al Español

Ricardo Canchola Yáñez - Diseño de Portada

Su profesionalismo y experiencia se destacaron durante todo el proceso, por lo que mi escritura luce mucho mejor de lo que realmente es.

INTRODUCCION

Aflicciones y su propósito han cambiado inmensamente. La forma de ver en el Antiguo Testamento este periodo de sufrimiento era visto como uno donde Dios estaba buscando represalia por los pecados de su pueblo. El hombre no sería capaz de escapar de la mano dura de Dios así que tenía que pagar por su pecado. Otra forma de pensar fue el hecho de que el Señor usaba las aflicciones como una forma de disciplina. Eran lecciones enseñadas al hombre para deshacerse de orgullo y presunción (Job 33: 14-30). Con la ley haciendo su parte en condenar todo lo que Israel hiciera, esperanza para la humanidad en los ojos del pueblo de Dios había disminuido casi a nada.

Tristemente decir entre muchos cristianos hoy en día, no mucho ha cambiado. Un Dios que está constantemente juzgando y condenando es el concepto de algunas personas ya salvas cuando piensan en su Dios. Al estar paralizado y aturdido en su crecimiento espiritual, tropiezan en la oscuridad nunca siendo capaz de encontrar la perfecta voluntad de Dios.

Cuando la doctrina del Nuevo Testamento comenzó a surgir después de la muerte de Cristo, un gran cambio de paradigma siguió también. Una nueva forma de ver aflicción se enfatizo en la palabra de Dios, hasta el punto de que ha tomado tanto tiempo para nosotros como cristianos hoy en día en ver lo positivo en nuestras aflicciones.

Este libro fue escrito con la intención y el propósito de ayudar a cristianos de hoy en día hacer ese cambio de paradigma también. Es hora de dejar atrás lo viejo y permitir que lo nuevo ocupe su lugar. *Y nadie echa vino nuevo en odres viejos; de otra manera, el vino nuevo rompe los odres, y el vino se derrama, y los odres se pierden; pero el vino nuevo en odres nuevos se ha de echar.* (Marcos 2:22)

Dios está dispuesto a hacer una "cosa nueva" en nuestras vidas, si a través del horno de aflicción podemos ser purificados. Su nuevo vino, la plenitud de su Espíritu (Efesios 5:18) debe poder utilizar un recipiente que no sólo será duradero, pero uno que traiga honra a Él. Si aflicciones perdurables tendrán ese tipo de resultados, aquí estoy Señor úsame a mí!

CAPITULO 1
Misericordiosamente Afligido

Pues a Moisés dice: Tendré misericordia del que yo tenga misericordia, y me compadeceré del que yo me compadezca. (Romanos 9:15)

Un día cuando estuve ministrando, por el rabillo de mi ojo me asomé a ver a la siguiente persona en la fila. A primera vista, la joven que esperaba nerviosamente su turno no parecía estar herida físicamente de ninguna forma o modo. Yo estaba curioso por saber cuál sería su petición. Ella tristemente murmuró que a pesar de estar casada por 2 años y medio aún no podía quedar embarazada. "Todo lo que quiero del Señor es un bebé saludable," dijo. Mientras la observaba, esperando del Señor el tipo de mensaje que debiera darle, de pronto me vino a la mente. Le dije enfáticamente, "El Señor ciertamente te bendecirá con una pequeña niña y nacerá en el mes de abril." Mientras las palabras salían por mi boca podía ver cambiar su semblante. Con júbilo ella empezó a repetir una y otra vez, "Oh Dios, no puedo creerlo voy a tener un bebé." Tan pronto como se presentó la oportunidad ella empezó a hacerlo público a todo quien pudiera escucharla. Fue en esta época que una gran aflicción se constituiría en una compañera no deseada a lo largo de los próximos años. Por supuesto, cuando la profecía se hizo pública, todos asumimos que el mes de abril se refería a abril del siguiente año. La forma en que sucedieron las cosas no era lo que Dios tenía en mente. Más tarde ese año cuando no quedó embarazada empezaron a surgir las dudas. Abril del año siguiente pasó y aún no había señales de un recién nacido. En un principio, trató de ignorarlo como algo sin importancia. A medida que pasaba el tiempo la angustia comenzó a aumentar. La primera en criticarla por la profecía incumplida era ella misma. "Ya sé lo que sucedió, simplemente no tuve la fe suficiente," dijo. Mientras el tiempo seguía produciendo los mismos resultados, el creer que ella tenía la culpa se volvió dañino. Las golpizas emocionales que se propinaba eran más de lo que ella podía soportar. Sin duda, la culpa de todo este problema podría colocarse en otro lugar, ¿pero en quién? Eran días sombríos para ella, tanto literal como espiritualmente y no parecía haber un descanso o una salida.

Un Cambio Radical Ocurre

A veces resulta difícil tratar de entender cómo, dónde y cuándo se produce un cambio en nuestras vidas. La esperanza brota eterna, y yo creo que es la esperanza lo que nos sostiene en los momentos que no tienen ningún sentido. Mientras escudriñamos la Escrituras encontramos algún consuelo tal como éste que nos levanta la esperanza a un nivel diferente.

> *Yo sé que Jehová tomará a su cargo la causa del afligido, Y el derecho de los necesitados. Ciertamente los justos alabarán tu nombre; Los rectos morarán en tu presencia.* (Salmos 140:12-13)

Con eso en mente, un súbito cambio radical ocurrió. Su actitud quejumbrosa fue reemplazada por un espíritu de adoración. A pesar de que ella no lo comprendía y no sabía explicarlo, si el Señor había elegido para ella una vida sin hijos entonces eso sería aceptable. Ella dejaría de estar deprimida ni se lamentaría de su problema, ella tomaría el camino angosto y se convertiría en una adoradora como ninguna otra. Continuamente daba gracias y se aseguraba del morar en Su presencia se convirtiera en su pasión.

> *Bendeciré a Jehová en todo tiempo; Su alabanza estará de continuo en mi boca. En Jehová se gloriará mi alma; Lo oirán los mansos, y se alegrarán. Engrandeced a Jehová conmigo, Y exaltemos a una su nombre.* (Salmos 34:1-3)

Su nueva actitud hizo maravillas por su matrimonio. Su relación con Dios no solo siguió madurando sino también su relación con su esposo. El amor y afecto que sentía por estas dos personas en su vida eran suficientes para ayudarla a sentirse realizada y carente de nada. Para entonces la memoria de la profecía no era más que una broma de mal gusto. Había sido archivada en el fondo de su mente como algo que no tenía explicación. Fue tan solo cuando ella había descartado la idea de tener hijos cuando lo inesperado sucedió.

Lo Inesperado Sucede

"Estás embarazada y vas a tener un bebé, felicidades," dijo el doctor. En aparente shock ella no sabía que responder. "¿Debería gritar, llorar, hacer un bailecito?" se dijo a sí misma. "Esto no puede estar pasando. He esperado ocho años y ya había perdido las esperanzas ¿y ahora está sucediendo? ¿Ahora, en este momento? Simplemente es tan difícil de creer." Mientras la idea de estar embarazada empezaba asentar había otra pregunta que necesitaba respuesta. "¿Me pregunto si va a ser niña tal y como el hombre de Dios había dicho?" "Mejor no hacerme ilusiones; ya es lo suficientemente bueno el estar esperando un bebe." Luego de unos cuantos meses la ecografía confirmaría la profecía. "Vas a tener una pequeña niña," le dijo el doctor. Le empezaron a recorrer escalofríos por la espalda que hacían que su corazón diera saltos.

El año en que quedó embarazada fue en el 2011, aproximadamente 6 años después de la profecía original. Yo no había vuelto a esa parte del país desde entonces y cuando inicialmente me enteré de que ella no había tenido al bebé el siguiente abril, no estaba seguro qué esperar si es que alguna vez ella quisiera volver a hablar. Recibí un mensaje en Facebook de parte de una persona que no reconocía. Ella escribió: *¡Gloria a Dios (Alabado sea el Señor), Hermano Pantages! Cuando viniste a Seattle profetizaste que mi bebé iba a nacer en abril y finalmente el milagro ha llegado. Ella nacerá éste abril (2012). Su nombre será Alexis Eliana Sandoval. ¡Hemos decidido ponerle Eliana como segundo nombre porque significa 'Dios ha respondido'!*

Si el testimonio hubiese terminado ahí como pensaba en un principio, hubiera sido uno de los milagros más grandes que Dios había hecho en el transcurso de mi ministerio. El problema surgió cuando el enemigo no estaba dispuesto a quedarse tranquilo y permitir que la gloria de Dios se manifieste sin oponer resistencia. Fue entonces que su mejor táctica fue puesta en acción. A través del doctor él la intimidó para inducir el parto antes de la fecha prevista. La bebé hasta ese entonces estaba sana y no corría riesgo alguno de perder la vida. Habiendo dicho esto, ella tenía problemas con la presión arterial alta y su inexperiencia en confiar en Dios para las cosas grandes hizo que ella tomara una decisión que cambiaría la profecía por completo. Por consejo de su médico, para estar más seguros, se indujo el parto y la bebé nació el 27 de febrero.

Misericordiosamente Afligido

La Verdad acerca de la Profecía Personal

Para aquellos de ustedes que están leyendo esto que no tienen mucha experiencia en lidiar con profecía personal, permítanme un momento para aclarar algunas cosas. En primer lugar, una profecía personal (como lo era esta) es una profecía con condiciones. Esto significa que Dios está dispuesto a permitir que suceda si, y sólo si, nosotros hacemos nuestra parte también. Si hay algún error al completar las instrucciones tal y como fueron dadas entonces la profecía fallará o será cambiada.[1] En éste caso la profecía cambió porque la madre decidió hacer lo que le parecía más seguro. No hubo ningún daño real, la bebé nació y fue una niña, y ambos padres estaban completamente satisfechos con los resultados. La profecía personal es siempre para una persona específica para una situación específica para un tiempo específico. Si todas las cosas caen en su lugar entonces la profecía se cumplirá tal y como fue profetizada.

¿Era Esto Realmente Necesario?

Es evidente que el período de espera valió totalmente la pena, ¿pero realmente fue necesaria la aflicción que lo acompañó? ¿Por qué tuvo que esperar durante tanto tiempo? Las noches sin dormir, el estómago nervioso, la incertidumbre que crecía con cada día que pasaba, las burlas que recibió cuando no llegó a concretarse. ¿Era realmente necesario esto para poder recibir su bendición? ¿Y qué del hecho de que ella realmente recibió una respuesta a su petición cuando muchos otros siguen en la espera de su respuesta? ¿Qué era tan especial acerca de ella y de su situación que la separaba del resto de la multitud? De todas las preguntas que se preguntan hoy la última es la más sencilla de responder.

> *Pues a Moisés dice: Tendré misericordia del que yo tenga misericordia, y me compadeceré del que yo me compadezca.* (Romanos 9:15)

El Señor es soberano en todo lo que hace. Cómo y por qué elige el camino que Él elige no puede ser determinado. La única conclusión a la cual podemos llegar es que Él siempre tiene nuestros mejores intereses en mente. Su misericordia siempre demuestra un acto de favor o de compasión. Dicho esto, hay que darse cuenta de que siempre es selectivo no merecido. Podemos encontrarnos en una situación peligrosa cuando asumimos, como Sus hijos, que Él está obligado a darnos lo que pedimos. A pesar de que su misericordia tiene efectos de largo alcance, que se extiende a aquellos que han quebrantado Su ley, así como aquellos que están sufriendo debido a circunstancias fuera de su control, la conclusión es que Él toma la decisión final. Él es un Dios leal, fiel a su palabra y siempre podemos confiar en Él.

Por la misericordia de Jehová no hemos sido consumidos, porque nunca decayeron sus misericordias. Nuevas son cada mañana; grande es tu fidelidad. (Lamentaciones 3:22-23)

Tratando con Aflicciones

Por otra parte, hacerle frente a las aflicciones es otra cosa. Las aflicciones no son más que cualquier enfermedad o problema que produce sufrimiento o dolor tanto físico y/o mental. También significa sufrir tan severamente como para causar angustia persistente, para dar una lección de humildad.[2] Si lo ponemos en términos bíblicos nos damos cuenta que Dios permite que las aflicciones vengan a nuestras vidas por dos razones. La primera de ellas es un tanto pesimista en cuanto representa el juicio de Dios (Romanos 2:9). Una vez que hayamos cruzado la línea de los límites de las leyes de Dios, las aflicciones de juicio desempeñan un papel en reconciliarnos con Dios. Esta es la mentalidad que la iglesia ha adoptado desde sus inicios y que ha dañado a la manera positiva de Dios de afligir a su pueblo. A lo largo de generaciones, la condenación y el juicio eran una parte tan integral de servir a Dios que centrarse en lo negativo sentó precedentes. El Señor era percibido como un maestro de tareas arduas y si no eras perfecto, el juicio pendiente estaba a la vuelta de la esquina. Pero Dios también usa las aflicciones para purificar al creyente a la vez que se identifica con Cristo[3] (Romanos 5:3-5). Esta limpieza continua es esencial para socavar a nuestro hombre natural. Después del fiasco del Jardín del Edén, el hombre tuvo que empezar de cero para volver a la buena gracia de Dios. Las aflicciones en distintos momentos de nuestras vidas realizaran esa tarea.

Al intentar unir la aflicción con la misericordia parecería ser una receta para el desastre. Considerando que lo positivo y lo negativo se repelen entre sí, en esta situación es más parecido al resultado que obtenemos cuando los polos opuestos se atraen. ¿Saben a lo que me refiero? Es como cuando un joven tranquilo y tímido se enamora de aquella jovencita fuera de control. Si los puntos fuertes de ambos pueden unirse la relación funcionará. En lo que se refiere a la misericordia y la aflicción, si los puntos fuertes de ambas características pueden ser unidos, entonces nos pueden acercar más a la imagen de Cristo. Esta unión celestial se convierte en una "Aflicción Misericordiosa" Su impacto completo se puede encontrar en la calma de las tormentas de la vida, la reparación de ese corazón roto, la restauración de las relaciones dañadas y la resurrección de ministerios que habían sido dados por muertos. Con un mejor manejo de lo que los dos pueden hacer juntos vamos a tomar un ejemplo bíblico de lo que he descrito.

Un Estudio Clásico

La historia del Antiguo Testamento de Lea es un estudio clásico sobre el amor verdadero. Desde el primer momento su vida fue una constante batalla cuesta arriba. Como una mujer que vivía en aquellos tiempos, era considerada como un ciudadano de segunda clase. Su aflicción física como mujer poco atractiva sólo empeoró las cosas. Su nombre lo decía todo. El nombre Lea significa: que cansa a uno, vaca salvaje.[4] Cuando Lea entró en la vida de su esposo Jacob (un experto en el arte del engaño) él tuvo que admitir que había encontrado a la horma de su zapato en este hábil oficio. Ella era una engañadora por excelencia y honestamente estaba a la altura de su nombre. Jacob más tarde aprendería de primera mano cómo sus quejas y reproches podían ser tan agotadores. Cuando se dio una situación que le molestaba, su naturaleza de "vaca salvaje" mostró su feo rostro desatando emociones incontroladas causando un daño irreparable. No parecía ninguna intención de maldad cuando ella y su padre manipularon las leyes de la tierra para poder casarla con Jacob. Comúnmente se entendía que la mayoría de matrimonios de esa época en esa parte del mundo eran pre acordados de todos modos. En la mente de ella, él tan solo tendría que aprender a amarla al igual que todos los otros matrimonios que habían sido convenidos por otras razones más que por amor. El obstáculo que no tomó en consideración fue que Jacob estaba perdidamente enamorado de Raquel, su hermana menor. ¿Y por qué no habría de estarlo? Ella era guapísima, con una figura despampanante a más no poder y que estaba dispuesta a casarse con Jacob.

Malinterpretando la Misericordia de Dios

Pelear por su amor sería el único recurso para ganárselo, y ella no tenía ningún problema con eso porque su naturaleza salvaje jugaría a su favor. Fue en este punto en su vida que las aflicciones que le atormentaban se tornaron emocionales. De tanta gente precisamente ella malinterpretó la misericordia que Dios estaba tratando de derramar sobre ella. El Señor había visto que ella no era amada y trató de rectificarlo.

> Y vio Jehová que Lea era menospreciada, y le dio hijos; pero Raquel era estéril. Y concibió Lea, y dio a luz un hijo, y llamó su nombre Rubén, porque dijo: Ha mirado Jehová mi aflicción; ahora, por tanto, me amará mi marido. (Génesis 29:31-32)

Ella había sacado la conclusión de que tener hijos sería la llave que le abrirían las puertas de su corazón. Estaba totalmente convencida de que sus años de no ser amada finalmente estaban llegando a su fin. Ella definitivamente tendría la ventaja sobre su hermana más favorecida Raquel y que ésta no podría hacer nada al respecto. Es triste decirlo, pero no fue suficiente. Era imposible de destruir el dominio férreo que Raquel tenía sobre el amor de Jacob. El darse cuenta de esto solo añadía más leña al fuego. El desdén emocional que tenía por Raquel, que de por sí ya estaba fuera de control, continuó sin la más mínima consideración.

Un Gran Cambio Radical Ocurre

Algo interesante sucedió en el nacimiento de su cuarto hijo Judá. Este cambio de actitud que habría salido de la nada fue completamente inesperado. Tenía que ser algo de Dios. Sólo el Señor puede producir un cambio tan drástico en una persona en tan poco tiempo. El enfoqué de su vida parecía haber sido modificado de tal manera en la que ya no se preocupaba de lo que ella no podía controlar (es decir, el amor de Jacob), pero su atención ahora se centraba en alabar a Dios. Su aflicción ahora tenía un propósito. Al igual que el salmista David, ella dichosamente podía decir:

> Antes que fuera yo humillado, descarriado andaba; Mas ahora guardo tu palabra. Bueno eres tú, y bienhechor; Enséñame tus estatutos.
> (Salmos 119:67-68).

Fueron las aflicciones de su vida que habían dominado completamente su manera de pensar las veinticuatro horas del día. Eso en sí mismo la ayudó a llegar a la conclusión de que estaba en el camino equivocado en la vida. Ya fuera que Jacob entrara en razón y la amara por quien realmente era o no, esto ya no le agotaría todos los momentos despierta. Alabar a Dios y levantar en alto el nombre de Jehová ahora se convertiría en su pasión de por vida.

Su cambio improbable impresionó a Dios, como alabarlo siempre lo hará. Fuimos creados para alabar a Dios y Le impresiona más cuando nuestras alabanzas llegan en los momentos de sufrimiento que dejan un gusto amargo en la boca.

El que sacrifica alabanza me honrará; Y al que ordenare su camino, Le mostraré la salvación de Dios.
(Salmos 50:23)

Cuando nuestra alabanza glorifica a Dios sus atributos pasan a ser parte de nosotros y nuestra conducta cambia. No importa de qué camino de la vida provienes. Dios lo pondrá en orden a la vez que vuestras alabanzas Lo magnifican. Un nuevo mundo de bendición está ahora a nuestro alcance gracias a nuestra voluntad de ofrecer un sacrificio de alabanza. Los cambios radicales que forman parte de nuestro ADN nos hacen más conformes a su imagen divina.

El amor de Lea por las personas en esencia se convirtió en divino. Su amor incondicional, a pesar de sí misma, comenzó a irradiar como lo hizo el del Señor aquí en la tierra cuando Él ministraba a los necesitados. Con cada día que pasaba, era fácil ver que Lea estaba viviendo una vida completamente diferente. Es sorprendente los que las características divinas pueden hacer en una persona que físicamente no es atractiva. No necesariamente te hará hermoso, sin embargo hará que la gente se pregunte qué hay en ti que los atrae. Fue esta transformación imprevista que finalmente llamó la atención de Jacob y capturó tanto su corazón como su amor.

Mis conjeturas parecen estar escritas con gran libertad porque no hay Escritura alguna que confirme esa línea de pensamiento. Antes de probar a través de la historia que mis palabras son correctas, permítanme decir lo siguiente acerca del efecto de la vida de Lea sobre las generaciones futuras.

A partir de la historia encontramos que si trazáramos el linaje de Lea nos llevaría directamente al nacimiento de Jesucristo. Eso claramente significaba que ella era familia y todos sabemos que los familiares pasan no solo sus rasgos físicos sino también los rasgos de carácter. Yo creo que esa misma firmeza, tenacidad y voluntad que mostraba a través de las aflicciones de su vida eran los mismos rasgos que Jesús utilizó para cumplir Su misión en el Calvario. Escapar de la cruz ni siquiera era una opción porque Él tenía un gran ejemplo a seguir de la vida de Lea. Ella amaba a Jacob a pesar de que sabía que ese amor no sería correspondido. De la misma manera Jesús estuvo dispuesto a dar su vida en la cruz ya sea que alguien aceptara su regalo o no. Su aflicción seguiría su curso sin resistencia; Silenciosamente lo tomaría como un hombre.

Angustiado él, y afligido, no abrió su boca; como cordero fue llevado al matadero; y como oveja delante de sus trasquiladores, enmudeció, y no abrió su boca.
(Isaías 53:7)

Raquel nunca hubiera tenido la tenacidad, determinación o persistencia para poder completar tal tarea. Su legado transmitido a las generaciones futuras hubiera sido completamente diferente a la de su menos talentosa hermana mayor. Lea realmente era un diamante en bruto. Con bordes toscos por todas partes, el esmerilado y pulido provocado por sus diversas aflicciones finalmente le hicieron salir a la superficie.

Atando Cabos

Ahora permítanme unir cabos para mostrarles cómo llegué a la conclusión que Lea eventualmente fue amada por Jacob. Bíblicamente, realmente no sé lo que pasó en su matrimonio desde el momento de su cambio hasta su muerte. Fue en su muerte que la especulación termina y tenemos la prueba visual del amor que Jacob tenía por su esposa desatendida. Si fuéramos a ir al Oriente Medio actual y buscáramos en la cueva de Majpela nos encontraríamos con los grandes patriarcas de Israel enterrados allí. Encontraríamos a Abraham y a su esposa Sara. Isaac y Rebeca están enterrados junto a ellos. Este es también el lugar de descanso final de Jacob y su esposa...? que era Lea, por supuesto, y no Raquel. Por todas las aflicciones físicas y emocionales a las que tuvo que hacer frente, su recompensa, esta última morada superaba con creces las desmoralizantes aflicciones que soportó. Leyendo las palabras del apóstol Pablo que encontramos en Romanos nos ayuda a creer que él sentía lo mismo.

> *Pues tengo por cierto que las aflicciones del tiempo presente no son comparables con la gloria venidera que en nosotros ha de manifestarse.*
> (Romanos 8:18)

Tan maravillosa como terminó la vida de Lea, realmente era sólo el comienzo de una vida mejor. No le importaba que no sucediera mientras ella estaba viva. El hecho del asunto era que ella, no Raquel, fue enterrada junto a su esposo. Esto era el honor más alto que una mujer podía recibir en aquellas épocas.

Pensemos, si no hubiera sido por las aflicciones en su vida, ella nunca hubiera sido expuesta a la misericordia de Dios. Fue por medio de sus aflicciones misericordiosas, en medio de todo, que ella encontró una auténtica relación duradera con Dios. ¿No es éste el verdadero significado de la vida? Poder encontrar a Dios, establecer una relación con Él y recibir todos los beneficios de servir al único y verdadero Dios está en la lista de deseamos de todos.

Su Misericordia es Siempre Más Grande que Nuestras Aflicciones

Al volver a examinar la vida de la joven futura madre al principio de este capítulo, es fácil ver las similitudes en su vida y en la de Lea. La lucha contra las aflicciones, ya sean físicas o emocionales, les otorga varios puntos de confluencia. Solo las mujeres conocen el dolor que se debe soportar durante el parto. Un hombre ni siquiera puede compararlo con la situación más dolorosa que alguna vez tuviera que tolerar. Las exigencias físicas son una cosa, bastante intensas y agotadoras. Esto ni siquiera toma en consideración la fatiga mental que la mujer tiene que soportar durante el parto. Es tan extenuante en ambos extremos que he escuchado a la más fuerte de las mujeres vergonzosamente decir 'yo nunca vuelvo a hacer esto'. Pero algo sorprendente ocurre cuando el bebé encuentra su camino por primera vez sobre el regazo de mamá. Todo el dolor, la agonía y la tortura experimentados no son más que un recuerdo lejano, porque el fruto de su trabajo de parto supera con creces el dolor. Cuando las pruebas y aflicciones severas llegan a infligir dolor debemos asumir la misma actitud de las madres que se dedican a la crianza de sus hijos. Sí, las aflicciones cobran su precio en todas las formas posibles, pero la misericordia de Dios que se invoca es muy superior a lo que tenemos que sufrir.

Es verdad que ningún castigo al presente parece ser causa de gozo, sino de tristeza; mas después da fruto apacible de justicia á los que en él son ejercitados.
(Hebreos 12:11 REVS)

Mi enseñanza hispana me dice que esta escritura es muy desalentadora. Todos sabemos que el entrenamiento es muy doloroso pero necesario, para avanzar en cualquier área en la que estamos tratando de mejorar. El tener que aceptar que estamos siendo castigados para intentar superarnos simplemente no tiene ningún sentido. Es contraproducente en la realidad. En vez de alentarnos a desarrollarnos mejor y perfeccionar nuestras habilidades en los asuntos del Señor, nos hace desconfiar incluso el intentar semejante tarea indeseable. Resulta ya bastante difícil completar nuestra formación sin que en cada momento tengamos que estar mirando sobre nuestro hombro para ver si un Dios de mano dura está ahí esperándonos para tratarnos con severidad.

Por otro lado, con una actitud positiva, podemos abrirnos paso a través de estas aflicciones espirituales de una forma que es agradable a nuestro Maestro. No obstante, será una experiencia dolorosa, que no se puede evitar. Empero, cuando todo haya terminado, como con la mujer después del parto, estaremos dispuestos a hacerlo nuevamente. El fruto apacible de la justicia nos ayudará a ver que nuestro entrenamiento valió la pena y que las bendiciones que originalmente se creía estaban ocultas **de** nosotros estaban en realidad ocultas **para** nosotros. Su misericordia siempre seguirá siendo superior a nuestras aflicciones. Dios tiene que ver un total sacrificio de alabanza de nuestra parte para poder dar así rienda suelta a su gloria. ¿Es eso todo lo que te hace falta hoy en día? Recuerda, una alabanza agradecida siempre capta su atención y con esa alabanza trae tus aflicciones a su fin.

CAPITULO 2

Joyas Escondidas

He aquí te he purificado, y no como a plata; te he escogido en horno de aflicción. Por mí, por amor de mí mismo lo haré, para que no sea amancillado mi nombre, y mi honra no la daré a otro.

(Isaías 48:10-11)

A medida que uno dice la frase "horno de aflicción" es muy difícil de creer que haya algo constructivo sobre esta experiencia. Por supuesto, este horno, como todos los demás, es un lugar para la refinación. Hablando en sentido figurado, su objetivo consiste en liberar de las imperfecciones morales. El proceso es similar al del refinado de metales, ya sea con calor extremo, y/o fuego. Si la refinación se lleva a cabo correctamente, los resultados presentarán una impresión clara e inconfundible. El objetivo en la refinación espiritual siempre es producir un producto (es decir, a un hijo de Dios) que se parezca y actúe casi como el Señor Jesucristo. Un beneficio adicional de este proceso se presenta cuando las sutilezas se han realzado. En términos de la vida cristiana, nos volvemos más hábiles y expertos en la alabanza, la adoración y en nuestra relación con Dios. Con el fin de obtener los mejores resultados la aflicción debe continuar su curso. El dolor, el sufrimiento y la pérdida no deben provocar un cortocircuito en el proceso de purificación.

Si honestamente se toma el tiempo para hurgar en las vidas de aquellos que están en el Señor, que han tenido éxito, podrás encontrar un denominador común. Independientemente de quien elijas, ellos habrán sufrido aflicciones no sólo más severamente, sino en mayor número también. En humillándose una y otra vez, han permitido que el proceso de refinación pueda ir removiendo esas características innecesarias que estorban a Dios llevarlos a un lugar de perfección. ¿Ellos brillan con más intensidad que otros hijos de Dios? Indudablemente es así, su brillantez supera con creces a la de los demás. Pero hay algo más que debe tomarse en consideración y es el que el precio que ellos han pagado para llegar allí supera con creces al de los demás.

Judá en el Horno de Aflicción

En la Escritura anterior Judá había sido refinado en el horno de aflicción. Noten cómo el Señor se tomó la molestia de mostrarles que el proceso no era el mismo que cuando se refina la plata. En los tipos y figuras bíblicos la plata siempre ha tenido que ver con pureza. Su pueblo sabía que ellos no estaban dispuestos a entregarse totalmente a Dios, porque el costo sería demasiado alto. Ante los ojos del Señor, su adoración a medias no sería aceptable. De ahí que el proceso de refinado fue refrenado lo suficiente como para traer el arrepentimiento a sus hijos descarriados. ¿Por qué Dios se tomó la molestia en lidiar con un grupo que no podía decidir dónde estaban sus lealtades? Un pecado aún mayor estaba ocurriendo entre los babilonios. El nombre de Dios estaba siendo profanado. A causa de la falta de fidelidad de Judá fueron colocados bajo cautiverio en Babilonia, y esto a su vez les dio la oportunidad a los babilonios de burlarse de su Dios. La gloria que debía haber sido reservada para Jehová estaba siendo puesta en las manos de dioses menores. Si hay una cosa que Dios no tolera, es que le otorguen su gloria a otro. Estas "aflicciones misericordiosas" fueron establecidas por una única razón solamente. Judá necesitaba ponerse en sus rodillas, arrepentirse de sus pecados, invocar Su nombre. Esto en última instancia le permitiría desatar su gloria y colocarla nuevamente donde correspondía estar.

Las similitudes entre el servicio displicente de Judá a su Dios y aquél de la iglesia de hoy en día son inquietantes. El espíritu tibio que domina la iglesia actual es inaceptable porque incluir al mundo en la vida cristiana no sería satisfactorio ante los ojos de Dios.

> *Yo conozco tus obras, que ni eres frío ni caliente. ¡Ojalá fueses frío o caliente! Pero por cuanto eres tibio, y no frío ni caliente, te vomitaré de mi boca. Porque tú dices: Yo soy rico, y me he enriquecido, y de ninguna cosa tengo necesidad; y no sabes que tú eres un desventurado, miserable, pobre, ciego y desnudo. Por tanto, yo te aconsejo que de mí compres oro refinado en fuego, para que seas rico, y vestiduras blancas para vestirte, y que no se descubra la vergüenza de tu desnudez; y unge tus ojos con colirio, para que veas.*
>
> (Apocalipsis 3:15-19)

No se puede equiparar la riqueza y la prosperidad con la aceptación en el reino de Dios. La Iglesia de Laodicea, ante los ojos de los forasteros, era próspera y no sufría necesidades. Era un gigante espiritual en su época de apogeo. Pero ante los ojos de Dios, la iglesia de Laodicea era desventurada, miserable, pobre, ciega y desnuda. ¿Cómo podría haber semejante diferencia entre lo que otros veían y lo que veía Dios? Si nuestra forma de vivir va a resistir el paso del tiempo, una vez que salga del horno de la aflicción, el proceso de refinación contará la verdadera historia. Las cualidades que sean refinadas a la perfección serán aquellas que agraden al Señor.

> *para que andéis como es digno del Señor, agradándole en todo, llevando fruto en toda buena obra, y creciendo en el conocimiento de Dios; fortalecidos con todo poder, conforme a la potencia de su gloria, para toda paciencia y longanimidad;*
>
> (Colosenses 1:10-11)

Joyas Escondidas

Si el horno de aflicción es tan pertinente en el reino de Dios entonces también debemos mencionar a las joyas escondidas (nosotros sus hijos) que somos descubiertos al salir del fuego. Estas joyas escondidas pueden ser formadas y perfeccionadas solo a través de las diversas aflicciones porque es la forma que Dios utiliza para separar la escoria de lo valioso. El proceso de encontrar estas joyas es uno que requiere tiempo. Cuando producimos joyas preciosas, incluso en el mundo, debe tomar tiempo. Por supuesto, el proceso de refinación comienza siempre por la gracia y a través de ésta la salvación está asegurada. Entonces somos todos nos colocados en el Reino de Dios en una casa grande donde el zarandeo de los Santos comienza.

> *Pero en una casa grande, no solamente hay utensilios de oro y de plata, sino también de madera y de barro; y unos son para usos honrosos, y otros para usos viles.*
>
> (2 Timoteo 2:20)

La oportunidad para triunfar se nos concede a todos nosotros por igual. Es nuestra elección si nos convertimos en utensilios de honra o si continuamos deshonrándolo en nuestras vidas. El horno de aflicción siempre determinará el resultado. Debemos llegar al entendimiento que cambiar la madera y barro por oro y plata no está fuera de cuestión. Sí, tal vez hayamos entrado al reino de Dios sin nada que ofrecer, pero el horno de aflicción no sólo nos liberará de las imperfecciones morales, sino también perfeccionará nuestros dones para poder convertirnos en vasijas de honra para Él. Como hijos de Dios, es nuestro derecho buscar esto con fervor y entusiasmo imposibles de saciar. Observen lo que el apóstol Pablo le dijo a los Efesios con respecto a éste tema.

> *Pero Dios, que es rico en misericordia, por su gran amor con que nos amó, aun estando nosotros muertos en pecados, nos dio vida juntamente con Cristo (por gracia sois salvos), y juntamente con él nos resucitó, y asimismo nos hizo sentar en los lugares celestiales con Cristo Jesús, para mostrar en los siglos venideros las abundantes riquezas de su gracia en su bondad para con nosotros en Cristo Jesús. Porque por gracia sois salvos por medio de la fe; y esto no de vosotros, pues es don de Dios; no por obras, para que nadie se gloríe. Porque somos hechura suya, creados en Cristo Jesús para buenas obras, las cuales Dios preparó de antemano para que anduviésemos en ellas.*
>
> (Efesios 2:4-10)

Nuevamente tenemos aquí la palabra misericordia, está en la raíz de Su amor unida con la gracia de exponer Sus grandes riquezas. Hemos sido sentados en un lugar celestial con Cristo Jesús, que nos da un punto de perspectiva único en nuestras vidas. Con Él sentado a nuestro lado, más allá de todas las distracciones, de pronto las dificultades de la vida se vuelven manejables. Podemos ver más claramente y con esa claridad tomar en cuenta el panorama completo de nuestras vidas. Descubrimos que tenemos la habilidad para lograr más cosas y con mayor habilidad. He aquí el truco. Debido a que somos Su hechura, y Dios no crea porquería, podemos confiar en su palabra que hemos sido creados en Cristo Jesús para buenas obras. Realmente se reduce a dos cosas. En primer lugar, debemos creer que la promesa aplica a nuestra vida individual. No se puede descartar la gracia de Dios diciendo que no damos la talla, porque eso sería una ofensa para el Maestro. En segundo lugar, si puedes aguantar el fuego no sólo brillarás intensamente, pero tu vida honrará y glorificará a Dios también. Hay gracia suficiente para todo aquel y cualquiera que permita que el horno de la aflicción complete su trabajo de refinación.

Joyas escondidas en el Antiguo Testamento

A lo largo de la historia, Dios ha tenido siempre joyas ocultas. Al mirar el Antiguo Testamento una vez más podemos encontrar que en este punto en particular de la historia de Judá el pueblo de Dios estaba algo descarriado. Judá estaba espiritualmente en ruinas por la falta de liderazgo del rey Ocozías. Cuando Jehú asesino al rey, las cosas fueron de mal en peor. Su madre Atalía se aprovechó del caos y se autoproclamó Reina. Ella era un idólatra, adoradora de Baal, una mujer perversa cuya prioridad era matar a todos los descendientes masculinos del trono. En otras palabras, ella mandó a asesinar a sus nietos. ¿Qué tipo de mujer en el rol de abuela puede asesinar a sus nietos así por así? Este era el tipo de mujer con la que Judá tuvo que lidiar desde un principio. Durante el establecimiento de este nuevo régimen, su nieto menor, que tenía alrededor de un año de edad en ese tiempo, fue escondido de ella. Durante los siguientes seis años, Joás estuvo escondido en el lugar más seguro en el que alguien podría ocultarse. En ese momento, a nadie se le ocurriría buscar en el Templo porque Atalía era una adoradora de Baal, por lo que ella nunca entraría en el templo de Dios, así que era completamente seguro.

El hecho de que Dios escogió a un bebé para salvar a Judá de su perversidad era un poco extraño pero el razonamiento es bastante sólido. Joás era lo suficientemente joven como para haber escapado a la filosofía delirante de su padre, de cómo el reino debería adorar a Dios. Al ser entrenado diariamente en el Templo en los caminos de Jehová garantizaría que cuando llegara el tiempo para que él tome su legítimo lugar en el trono que traería paz a la tierra.

Nunca se apartará de tu boca este libro de la ley, sino que de día y de noche meditarás en él, para que guardes y hagas conforme a todo lo que en él está escrito; porque entonces harás prosperar tu camino, y todo te saldrá bien. (Josué 1:8)

Su educación comenzó con especial atención, sabiendo que la palabra de Dios que estuviera escondida en su corazón tendría un profundo efecto en cómo iba a gobernar Judá. Seis años más tarde, cuando aún era muy pequeño llegó el llamado al trono. Era demasiado joven e inexperto para ser un buen gobernante, pero siendo que era el tiempo de Dios, eso lo hizo que fuera el tiempo correcto.

Si alguna vez hubo una razón por la cual Dios elige a las personas mal preparadas y sin experiencia es esta. Todo se reduce a simple confianza. Las aflicciones de ansiedad e intranquilidad son puestas ahí para hacerte dependiente de Dios. Luego, en el momento preciso, no importa cuáles sean las circunstancias, nada ni nadie podrá detenerte. Cuando todo está dicho y hecho, aquellos que habían estado observando se sorprenderán por tus logros. Tendrán que admitir llegar a la conclusión de que "tenía que ser Dios." La gloria entonces irá al lugar correcto, la gloria es para Dios.

Cuando Joás salió de su escondite, el niño rey salió con paso firme. Sin levantar un dedo, Joiada, el sacerdote del templo, le ayudó a restaurar el orden. Una vez que tuvo el respaldo del pueblo, Atalía fue destronada y asesinada. La amenaza de que la idolatría tomara el control de Judá fue extinguida y un gran proyecto de recaudación de fondos fue establecido para reparar el templo. La gloria de Jehová se restauró de nuevo a donde pertenecía. Todo esto fue posible gracias a un pequeño niño que estaba dispuesto a dar toda la gloria a su Dios.

Afligido por la Justicia

Una cosa es ser afligido por fallarle a Dios, y otra cosa es ser afligido por causa de la justicia. Se podría pensar que haciendo lo correcto en el momento adecuado te ayudaría evitar cualquier tipo de aflicción. Son sorprendentes las críticas que llegan cuando lo único que han hecho es obedecer la voz de Dios. Considere lo que el apóstol Pedro nos escribió:

> *pero si alguno padece como cristiano, no se avergüence, sino glorifique a Dios por ello.*
>
> (1 Pedro 4:16)

Aunque la escritura anterior se comienza con la palabra si, en la vida cristiana no hay 'si's, 'y's ni 'peros'. Es una conclusión inevitable que si se quiere vivir santamente en Cristo sufrirán persecución (2 Timoteo 3:12). Siempre me ha fastidiado oír de los disque llamados cristianos poderosos jactarse de su estilo de vida bendecida libre de aflicciones severas. El fondo del asunto es este, Dios siempre ha usado las aflicciones para moldearnos y ayudarnos a cumplir con su voluntad. Al evadir los tiempos difíciles con el tiempo volverán a atormentarnos, porque en definitiva nuestro crecimiento en Él habrá sido atrofiado. A la verdad, estamos constantemente ofendidos y avergonzados por los sufrimientos que nos acontecen. Lo que sucede finalmente es que nos contenemos y no le damos la gloria a Dios en los momentos de aflicción. Este panorama desalentador hace que las mismas aflicciones se conviertan más mentales que otra cosa, abriendo la puerta a depresiones profundas.

Es en este momento que se debe tomar la decisión. ¿Las tensiones traídas a mi vida en este momento son en realidad el principio del fin, o estoy siendo preparado para una salida? Los tres jóvenes hebreos tuvieron que tomar una decisión similar al considerar el aprieto en el que se encontraban en su cautiverio babilónico. El estar en cautividad requería realizar muchos ajustes, los cuales afectarían todas las facetas de sus vidas. Esto incluía la forma en que comían, adoraban y servían a su Dios. Su vida se vio más afectada cuando se dieron cuenta de que sus derechos se les habían sido arrebatados por completo. Por si fuera poco, sus hermanos no se oponían a la nueva forma de vida por lo que su alianza a Jehová llamaba la atención por esta tan fuera de lugar.

Desafiados en Cautividad

Su primer desafío vino bajo la forma de tener que comer los manjares del rey, los cuales eran prohibidos por su ley. ¿Acaso Jehová realmente los haría responsables por esta práctica alimenticia mientras estuvieran en cautiverio? No estaban listos para averiguarlo porque ante sus ojos si era importante para Dios en primer lugar, entonces también lo sería para ellos. Con la ayuda de Daniel evitaron una confrontación con el rey elaborando un plan que les permitiría mantenerse fieles a Dios. El Señor estaba a punto se usar esta lección en obediencia como un trampolín para incrementar su fe. Con la habilidad de humillarse a sí mismos y limitar su dieta a lo que era agradable ante los ojos de Dios durante este tiempo de aflicción, el conocimiento y la habilidad en toda la literatura y sabiduría que se les otorgaba. Luego de que esta prueba fuera completada, el rey se percató que su sabiduría y su comprensión eran diez veces mejores que aquella de sus astrólogos y magos. Para ellos darle gloria a Dios seguro tenía sus ventajas, las que incluían un ascenso poniéndolos a cargo de los negocios de la provincia de Babilonia.

La presión para ponerse en regla siguió aumentando al darse la orden de adorar al dios de Babilonia. Una enorme estatua de oro fue creada para este propósito y se esperaba que el reino entero, incluyendo los hebreos, le adoraran. El decreto forzaba a todos que, al sonido de los instrumentos, detuvieran lo que estuvieran haciendo para postrarse y adorar al dios hecho por manos. Cuando su negativa a hacerlo fue traída a la atención del rey fueron llamados para ser interrogados. Daniel no estaba con ellos en este momento y no podían depender de su sabiduría para salir de este apuro. Tenían que valerse por sí mismos con su integridad desafiada en público. El rey decidió darles una nueva oportunidad para rectificar su falta de criterio. Tal vez pensó que se trataba de un total malentendido, porque nadie hubiera tenido la audacia de desafiar la orden del rey a sabiendas. Su respuesta a esta segunda oportunidad fue totalmente inesperada.

> *No es necesario que te respondamos sobre este asunto. He aquí nuestro Dios a quien servimos puede librarnos del horno de fuego ardiendo; y de tu mano, oh rey, nos librará. Y si no, sepas, oh rey, que no serviremos a tus dioses, ni tampoco adoraremos la estatua que has levantado.* (Daniel 3:16-18)

Desafiar una orden del rey, y mucho menos al rey mismo era motivo de muerte por fuego. El rey Nabucodonosor nunca había sido desafiado por nadie en su reino y él iba a cerciorarse de que estos cautivos hebreos fueran puestos como ejemplo de lo que le pasaba a cualquiera que desafiaba al rey. Una de las tácticas finales de intimidación no les hizo cambiar de parecer cuando fueran amenazados con ser arrojados a un fuego siete veces más caliente de lo que nunca había sido.

La intimidación siempre ha sido un arma eficaz utilizada en la mano de nuestro enemigo, satanás. Junto con el miedo y la incertidumbre tiene su forma de rezumar en nuestra psique para hacernos dar marcha atrás en las promesas de Dios. El miedo tiene más éxito cuando paraliza nuestro pensamiento. Todo se vuelve turbio y ambiguo. Incluso la más simple de las decisiones se vuelve difícil causando retrasos porque simplemente no queremos equivocarnos. Nos hemos vuelto inestables, cubriéndonos en cada decisión mientras los demás pierden la confianza en nuestra capacidad de tomar decisiones o como dice la Escritura el hombre de doble ánimo es inconstante en todos sus caminos. (Santiago 1:8). Tal es el tormento que se menciona en las Escrituras cuando el miedo domina nuestros pensamientos (1 Juan 4:18). La única forma de combatir el miedo y la intimidación es a través de la confianza en su palabra.

Y daré por respuesta a mi avergonzador, Que en tu palabra he confiado. (Salmos 119:42)

Un Factor Determinante

¿Cuál fue el factor determinante que permitió a éstos jóvenes retar la orden de un rey con tal valentía? La respuesta se encontraría en su fe. Su fe acababa de ser aumentada por su primer encuentro con oposición. Pero lo que era incluso más impresionante era su muestra de integridad. No había ninguna garantía de que Dios los salvaría del horno feroz, y a pesar de esto no estaban dispuestos a inclinarse como tantos otros de sus compatriotas lo habían hecho. Ellos acababan de salir victoriosos del horno de aflicción. ¿Qué importaba si este nuevo horno era siete veces más caliente? Luego de que el Señor había respondido sus suplicas durante el incidente de la comida, ellos ahora estaban listos para el siguiente paso. El rey ahora estaba enfurecido por su falta de miedo, tanto así que les revocó la oportunidad de enmendarse. Mientras eran lanzados al fuego el semblante de Nabucodonosor cambió de la alegría al asombro.

> *Entonces el rey Nabucodonosor se espantó, y se levantó apresuradamente y dijo a los de su consejo: ¿No echaron a tres varones atados dentro del fuego? Ellos respondieron al rey: Es verdad, oh rey. Y él dijo: He aquí yo veo cuatro varones sueltos, que se pasean en medio del fuego sin sufrir ningún daño; y el aspecto del cuarto es semejante a hijo de los dioses.*
> (Daniel 3:24-25)

El Señor no solo los libró de todo daño, sino que no tenían ni un solo cabello chamuscado, sus ropas no habían sido afectadas, y ni siquiera se notaba el olor del fuego. Nabucodonosor no se imaginaba que había caído directo en las manos de Dios. En el reino de Dios no se debe temer a los hornos de aflicción porque es lo que Dios utiliza para producir y encontrar joyas escondidas.

Entrar en un horno de aflicción es más que una experiencia por la que se pasa una sola vez. Nadie está completamente refinado la primera vez. El proceso debe ser repetido una y otra y otra vez. A medida que continuamos viviendo nuestras vidas en Dios habrá momentos de negligencia e incluso algún desliz ocasional que dañe nuestra relación con Él. Entonces es necesario que entremos en ese horno de la aflicción para enderezar las cosas ante Él. Podríamos empezar muy bien con un gran inicio, pero a menos que lo sostengamos en la presencia del Señor podemos perder lo que la gracia de Dios trajo a nuestra vida cuando no lo merecíamos.

El Costoso Error de Joás

La negligencia en los asuntos del Señor fue lo que causó que el fin de Joás fuera muy diferente que sus inicios. Cuando el pueblo de Dios decidió mantenerlo escondido para protegerlo de las influencias del régimen de su padre carnal, nadie se hubiera imaginado ni en lo más remoto de su imaginación que Joás hubiera terminado su vida de ésta manera. Cuando Joiada murió también lo hizo la lealtad del rey hacia Jehová. Sin la guía y orientación de su mentor, él encontró maneras más fáciles para vivir y un estilo de vida más cómodo, por ponerlo de alguna forma. Su amor por el Templo y el estar en la presencia de Dios comenzó a menguar. Sus visitas a la casa de Dios se hicieron menos frecuentes y perdió su toque espiritual. Su corazón fue alejado hacia otros dioses; aquellos que le ayudaron a alejar al único y Dios verdadero, Jehová. Eso fue el principio de su fin. Él nunca pudo recuperarse de esta devastadora pérdida. Murió asesinado, escondido en su habitación donde nadie más podía ver. ¿Acaso no es irónico que de bebé fuese escondido inicialmente para hacer grandes obras en el reino de Dios? Su muerte solo confirmó que al final su vida estaba en dirección opuesta a Dios y no hacia Él. Al ocaso de la vida este hombre que era una gema preciosa perdió todo su lustre y brillo. Su vida terminó en tragedia porque no permitió que el horno de aflicción purificara completamente su vida en el Señor.

Hoy en día la única cosa que separa a un cristiano de convertirse en una vasija de honor es el horno de aflicción. A pesar de que ha sido predeterminado que nuestra vidas en Él tengan éxito, todos debemos pasar por el horno de aflicción para ser refinados y purificados. Es el proceso que Dios ha elegido para sacarnos de entre lo áspero y refinarnos en formas que nos dejaran una huella clara e inconfundible de Él en nuestra vida. ¿Dejarás que el horno de aflicción te saque de tu escondite para que el resto del mundo pueda ver lo que Dios ha sabido desde un principio? Tú eres verdaderamente la joya que le traerá honra a Su nombre. ¡Así que quema, quema, quema!

CAPITULO 3

Cicatrices de Guerra

¡Ay de mí, por mi quebrantamiento! mi llaga es muy dolorosa. Pero dije: Ciertamente enfermedad mía es esta, y debo sufrirla. (Jeremías 10:19)

Las cicatrices, hablando en forma general, nos dejarán una marca, una huella como resultado de una lesión. De igual manera pasará con las aflicciones, las cuales pueden ser físicas (es decir, cicatrices del cuerpo), emocionales o morales. A medida que se acumulan más y más cicatrices en los rigores de la vida, hay algunas de las que nos sentiremos orgullosos, mientras que hay otras que sin duda desearíamos olvidar.

Jugar al fútbol en la escuela secundaria era una experiencia impulsada en un alto grado por la testosterona. Había tantas pequeñas obsesiones que no podíamos evitar ir incesantemente tras de ellas. Estas obsesiones eventualmente probarían nuestra hombría. Una de estas obsesiones era tratar de colocar en tu casco tantas marcas como fuera humanamente posible. Una marca se conseguía cuando chocabas con otro jugador cabeza con cabeza. Cuanto más duro era el choque, más pintura del casco de los otros jugadores quedaba en el tuyo. Si tu casco tenía una gran variedad de colores distintos al tuyo eras la personificación física de un gran golpeador. Habiendo dicho esto, ya que porque yo era un pateador el cual había pasado muy poco tiempo en el campo, sumado al hecho de que en la mayoría de los casos no se podía ser golpeado legalmente, mi casco estaba completamente limpio. En mi tercer año algo pasó durante un punto extra que iba a cambiar todo eso. Se le cayó a mi detentor la pelota la cual tuve que recoger, obligándome a correr hacia la línea de meta. Me preparé para ser golpeado por primera vez y no fue tan mal como me había imaginado. Cuando volví a la línea lateral todo el mundo estaba gritando de alegría porque había una marca dorada en mi casco. Durante la siguiente semana el alboroto continuó sin parar. A pesar de que había conseguido mi marca por el golpe de otro jugador en mí, esto era algo para sentirse orgulloso.

Cicatrices Poco Memorables

Existen otras cicatrices recibidas en el campo de batalla que nos marcan emocionalmente más que las del cuerpo. Mi corazón se extendió a un señor de edad, cuando un día se me acercó después del culto. Él era un veterano de la guerra de Vietnam y había servido a su país con orgullo. Si hubiera tenido que hacerlo todo de nuevo nada habría cambiado. Él habría hecho gustosamente los mismos sacrificios para que nuestro país permaneciera libre. Lo que más me entristeció de nuestra conversación fue su petición de oración. Él había admitido ante mí que desde hace más de 50 años las pesadillas de las atrocidades experimentadas en Vietnam continuaban persiguiéndolo. Sin importar lo que intentara, éstas todavía encontraban la manera de atormentarlo en su sueño. Tenía la esperanza de que por medio de algún milagro Dios lo aliviara de esta tortura para que por fin él pudiera descansar en paz. Ya entrada la noche, mientras se alejaba cojeando me di cuenta de que los problemas emocionales con los cuales él estaba luchando eran más grandes que los físicos que yo podía ver con mis propios ojos.

Nuestras batallas contra el enemigo, satanás, serán de nunca acabar. Tenemos que comprender que renunciar no está en su agenda. Su tiempo para embaucar a tantos como le sea posible está llegando a su fin y su vileza aumenta en cada minuto. Debido a su tenacidad, cuando estemos en la batalla, debemos aceptar que en algún lugar, en algún momento o de alguna manera vamos a salir heridos. No tiene nada que ver con armamento defectuoso o estrategias mal planeadas. Puede sucederle al mejor de nosotros. Es la parte de guerra que es completamente inevitable. Cuando las heridas llegan a ser tan graves como para causar sufrimiento o malestar, debemos tener en cuenta que éstas son sólo aflicciones y que, por definición, esto las pone en una categoría de temporales. Dios tiene todo bajo control desde el inicio y sólo será cuestión de tiempo antes de que su voluntad se cumpla.

Muchas son las aflicciones del justo, pero de todas ellas le librará Jehová. (Salmos 34:19)

La cita bíblica de Jeremías al comienzo del capítulo empieza de una manera algo mórbida. Sus primeras palabras fueron: ¡ay de mí!, y mi llaga es muy dolorosa. En otras palabras, él trató de transmitir que la herida era tan profunda que dejaría una cicatriz cuya completa recuperación sería imposible. Estoy seguro de que cuando satanás revisó la situación de Jeremías él también llegó a la misma conclusión de que esta batalla había terminado. Un punto para el dios de este mundo. La parte más intrigante de las Escrituras viene inmediatamente después de pronunciar semejantes palabras de derrota. Entre respiro y respiro él, Jeremías, hace un giro que cambia su visión en 180°. Sus palabras de desesperación se convirtieron en palabras de determinación. ¿Cómo es que pudo cambiar sus pensamientos de manera tan drástica en un período de tiempo tan corto? Eso es un trabajo que sólo la palabra de Dios podría hacer.

El Poder de la Palabra

Porque la palabra de Dios es viva y eficaz, y más cortante que toda espada de dos filos; y penetra hasta partir el alma y el espíritu, las coyunturas y los tuétanos, y discierne los pensamientos y las intenciones del corazón. (Hebreos 4:12)

No hay nada más rápido ni más poderoso que la palabra de Dios. Es tan cortante que puede encontrar su camino en los lugares más intrincados de nuestro ser (es decir alma y espíritu) y dividirlos como un carnicero experto dividiría sus carnes más caras. Tan formidable como pueda sonar, Su poder de discernir sobre nuestros pensamientos y las intenciones de nuestro corazón es aún más extraordinario.

De las acciones de Jeremías podemos especular que Dios le dio una palabra que él puso en acción dándole una nueva vida similar a lo que la palabra hizo por David.

Ella es mi consuelo en mi aflicción, Porque tu dicho me ha vivificado….Me acordé, oh Jehová, de tus juicios antiguos, y me consolé. (Salmos 119:50, 52)

Las dificultades que Jeremías tuvo que enfrentar no son diferentes a las cuales nosotros debemos soportar en nuestras batallas contra el enemigo. Desde el comienzo de los tiempos, ya sea en un momento u otro, el pueblo de Dios ha tenido que enfrentar la adversidad completamente sólo, dependiendo únicamente de Dios y Su palabra. Es al enfrentar estas dificultades que la mayoría de nosotros hemos tenido que salir adelante levantándonos sin la ayuda de nadie, alentándonos a nosotros mismos. Aislados del resto de la Iglesia nos quedamos solos con nuestros pensamientos teniendo que depender de Su palabra. Ahora, con sus pensamientos bajo control Jeremías podía mirar sus aflicciones bajo una luz completamente diferente. Podría entonces estar de acuerdo con David cuando hizo este alarde:

Si tu ley no hubiese sido mi delicia, Ya en mi aflicción hubiera perecido. (Salmos 119:92)

Deleitarse en la ley de Dios es prueba positiva de que perecer en un momento de aflicción puede ser evitado. Su palabra demostrará ser una lámpara a nuestros pies y lumbrera a nuestro camino. (Salmos 119:105).

El Poderoso Testimonio de Rut

Rut era una mujer del Antiguo Testamento que seguramente podría identificarse con Jeremías y sus aflicciones. En un corto período de tiempo había perdido a su marido, su suegro, y su cuñado. Su suegra Noemí se había trasladado con su marido y sus hijos al país de Rut, Moab, sólo a raíz de una gran hambruna que había destruido los cultivos en su nación. Con todos los hombres de su familia muertos y la situación económica cada vez más estable en su tierra, Noemí sintió que era el momento adecuado para volver a su patria. La muerte de su esposo y sus hijos le habían dejado tal impacto emocional que las cicatrices que quedaron eran muy profundas. Sin pronunciar una sola palabra permitió que la amargura la embargara, hasta el punto de comenzar a destruirse desde adentro hacia afuera.

Mientras Noemí iniciaba su camino de regreso a Belén, fue capaz de convencer a su nuera Orfa de permanecer en Moab. No tuvo tanta suerte con su otra nuera Rut. Su decisión de partir con Noemí tuvo grandes consecuencias. Al marcharse con su suegra habría demostrado una gran cantidad de fe. En primer lugar, Belén no era su lugar de nacimiento y la nación hebrea no era su pueblo. Vale decir algo más importante, Jehová no era el Dios al que ella servía.

Al dejar Moab también refrendaría su profundo amor por Noemí.

> *Respondió Rut: No me ruegues que te deje, y me aparte de ti; porque a dondequiera que tú fueres, iré yo, y dondequiera que vivieres, viviré. Tu pueblo será mi pueblo, y tu Dios mi Dios. Donde tú murieres, moriré yo, y allí seré sepultada; así me haga Jehová, y aun me añada, que sólo la muerte hará separación entre nosotras dos."* (Rut 1:16-17)

Estoy seguro que las cicatrices de Rut eran tan profundas y graves como las de Noemí y sin embargo la muerte de su marido no fue suficiente para romper su relación. Rut estaba dispuesta a empezar una nueva vida en una tierra lejana por causa de una huella indeleble, una cicatriz por decir, que su marido había dejado en ella. Ella había sido tratada tan magníficamente como a una reina y Rut entendía que la manera en que su marido la había tratado era el resultado de su relación con su Dios. Porque de todas las personas que ella conoció a lo largo de su vida, Noemí era la única que podía conectarla con el Dios de su marido. Su decisión de ir con Noemí consolidaría esa posibilidad y ella no se lo perdería por nada en el mundo. Porque a pesar de todo su sufrimiento y su ignorancia en la explicación de estas dolorosas pérdidas, todo empezaba a tener sentido. Sólo a través de sus aflicciones y sus graves heridas se le presentaría una oportunidad única en su vida. Una vez más, al igual que David, había encontrado un propósito en sus aflicciones.

> *Bueno me es haber sido humillado, para que aprenda tus estatutos. Mejor me es la ley de tu boca que millares de oro y plata.* (Salmos 119:71-72)

Al evaluar su vida hasta este punto ella tomó una importante decisión que la seguiría hasta su muerte. La vida le había jugado una mala partida, pero sin importarle qué sucediera ella lo soportaría. ¿Podría su decisión hacer que el resto de su vida fuera menos dolorosa? No, no realmente, sólo haría la vida más soportable.

La decisión de Rut estaba lista para ser puesta a prueba. Sin la familiaridad que impulse su confianza, su "campamento de entrenamiento espiritual" estaba a punto de comenzar. En el Ejército de Dios nuestro entrenamiento siempre incluye algún tipo de aflicción. Conscientes de este hecho, nunca deberíamos sorprendernos por ellas.

> *Amados, no os sorprendáis del fuego de prueba que os ha sobrevenido, como si alguna cosa extraña os aconteciese, sino gozaos por cuanto sois participantes de los padecimientos de Cristo, para que también en la revelación de su gloria os gocéis con gran alegría.*
>
> (1 Pedro 4:12-13)

La manera en que Noemí manejaba las aflicciones nunca le hizo ningún favor. Ella nunca llegó al punto de abrazarlas plenamente y posteriormente perdió las bendiciones más grandes que Dios había planeado para su vida. La única característica que detenía que el Señor permitiera todo el impacto de su misericordia era su amargura. Desconocida para muchos, su amargura era más profunda que sus cicatrices. La amargura tenía tal dominio absoluto sobre ella que el cambio de su nombre de Noemí a Mara no fue gran cosa. Al vivir en una época en que el nombramiento de un niño significaba algo, para Noemí fue muy cómodo el cambio completo de nombre. No la conmovió ni un poco el que ahora se dirigieran a ella como "amargura", y ya no como "dulzura", como ella se había llamado desde su nacimiento.

Recuerdo a un amigo mío al que conocía desde hacía muchos años haciendo lo mismo. Tenía un hermoso nombre bíblico incorporado a su vida, uno tal que si hubiera querido vivir lo que significaba traería gran honor para Dios. Después de que el golpe inicial se disipó, el nuevo nombre elegido realmente no era tan malo. Lo que más me dolió sobre el cambio de nombre fue el momento en que se dio. Por todos los años en los que yo lo había conocido, una de sus mejores cualidades era su tenacidad al no darse por vencido en las cosas de Dios. Por las razones que sean, el cambio de su nombre surgió después de que uno de los momentos más devastadores en su vida espiritual. Es triste decirlo, la amargura se convirtió en su mejor amiga, la cual sería capaz de controlarlo de una manera que no había existido en el pasado. Ahora, con la amargura en el control, el cinismo y un espíritu crítico se subirían a bordo para disfrutar del viaje al desastre.

Rut Toma un Postura

Rut no quería saber nada de ello. "¡Ay de mí!" nunca se convertiría en una parte de su vocabulario. Ella nunca se dejó caer tan bajo, porque la palabra de Dios había comenzado a influir en ella como nunca en su vida. El aprendizaje de los estatutos de Dios le dio el valor para vivir a la altura de su nombre en un momento de aflicción inflexible. Rut significa: amigo, amistad. Su verdadero propósito en la vida era ser amable y hacer amigos, incluso en los tiempos más oscuros y más tristes de su vida. Fue la gracia de Dios, en última instancia, lo que la ayudó a reponerse de sus graves heridas en una manera piadosa. Cuando los que la conocían descubrían las grandes pérdidas que ella tuvo que superar y cómo fue capaz de manejarlo con tanta gracia, eso atraía la gente hacia ella, haciéndose mucho más fácil en amistar con ellos.

Cicatrices de Guerra

El hombre que tiene amigos ha de mostrarse amigo
.   (Proverbios 18:24)

El carácter de Rut y sus perspectivas en la vida le permitieron llegar a ser una gran ventaja para su suegra Noemí. Su ética de trabajo no sólo trajo estabilidad financiera al hogar, su temperamento era una influencia tan positiva para Noemí que también tuvo un impacto en su carácter. Fue entonces cuando Noemí salió de su estancamiento y empezó a instruir a Rut sobre cómo encontrar un marido. Fue poco tiempo después en que Rut conoció a su futuro esposo, Boaz. Eran una pareja perfecta, muy parecida a las de los cuentos de hadas y vivieron felices para siempre. ¿Fueron sus cicatrices de batalla finalmente eliminadas? Probablemente no, pero tampoco fue un obstáculo para que Dios la bendijera de la forma en que lo hizo.

Como hemos visto, tratar con cicatrices de guerra es un asunto delicado. Se puede comparar a caminar por un campo minado, que con cualquier paso en falso puede producir pérdidas irrecuperables. La mayoría de las veces, físicamente hablando, los médicos pueden devolverte la salud si se les da la oportunidad. La medicina moderna ha avanzado tanto en esa área que podemos salir del hospital sabiendo que al final todo va a volver a la normalidad. La recuperación emocional es otra historia. Una de las mentiras más grandes que hemos aceptado en nuestra infancia es la cancioncita que solíamos cantar: palos y piedras podrán romper mis huesos pero las palabras nunca me harán daño. Si eso fuera cierto y si fuera así de simple, se arreglaría una gran cantidad de daño. Pero el caso es que sabemos que esto no es cierto y que las cicatrices emocionales causadas por las palabras de nuestra infancia todavía nos persiguen en la actualidad.

Un serio problema al enfrentarnos con las aflicciones es cuando éstas son tanto de naturaleza física como emocional. La aflicción se convierte en un arma de doble filo, blandiendo su poder con agresiones más filosas y potentes. Es un error de nuestra parte creer que una aflicción siempre reemplaza a la otra, ya que podemos encontrar situaciones donde trabajan mano a mano para que la aflicción sea más severa. Por experiencia personal, sé que esto es un hecho.

Mi Aguijón en la Carne

Al escribir éste capítulo estoy en la cima de mi ministerio evangélistico. Ha sido un movimiento lento y deliberado de Dios para colocarme donde estoy ahora. Debido a que es un ministerio de milagros que se dispersan entre la gente de una manera diaria, he recibido un aguijón en la carne para mantener mi vida bajo control. A un mensajero de satanás se le ha sido permitido que me abofetee, igual que aquel con el cual el apóstol Pablo tuvo que lidiar.

> *Y para que la grandeza de las revelaciones no me exaltase desmedidamente, me fue dado un aguijón en mi carne, un mensajero de Satanás que me abofetee, para que no me enaltezca sobremanera.*
>
> (2 Corintios 12:7)

Este aguijón ha comenzado en lo físico lo cual tiene mucho sentido, porque después de sufrir los efectos del polio casi todo mi vida, satanás podría para comenzar, seguir haciéndole daño a mi cuerpo como punto de partida. Originalmente, el polio había afectado a mi cuerpo sólo de la cintura para arriba. Mis extremidades inferiores no se vieron afectadas lo que me permitió hacer deporte hasta el punto de ganar una beca de fútbol americano a nivel universitario. Es sólo ahora que mi cuerpo inferior está empezando a sufrir los mismos efectos con los que el resto de mi cuerpo siempre ha tenido que lidiar. Lento pero seguro, diferentes partes de mi cuerpo están empezando a apagarse y los médicos no tienen la menor idea de lo que está pasando. Se han alterado mis hábitos de sueño, mi forma de comer y lo que como, incluso mi forma de caminar. Ningún esfuerzo físico viene fácil desde el momento en que me levanto hasta la hora de acostarme. Deja que te de algunos ejemplos. Por la mañana: lavarme (ponerme jabón y crema de afeitar en la cara, no puedo encender algunas duchas), vestirme (hay veces en que no puedo abotonar mi camisa, ponerme los calcetines, o atar mis zapatos), usar mis manos y pies (hay veces que no puedo abrir una puerta, desenroscar la tapa de una botella, abrir el cofre mi coche, subir y bajar escalones se está convirtiendo en todo un reto, mi trote es más lento que el de la mayoría de la gente que va caminando).

La dificultad al completar las tareas en las cuales la mayoría de la gente ni lo piensa dos veces antes de hacerlas, ha hecho un camino hacia mi mente y emocionalmente en mi corazón. Como mis luchas físicas se han convertido en tareas cotidianas, mi mente tiene que trabajar más para compensar mis deficiencias físicas. Al final del día me siento emocionalmente agotado y frustrado porque a pesar de haber trabajado tan duro, parece que no he logrado mucho. Se podría pensar que el beneficio de tal cansancio seria el permitirme descansar toda la noche en un sueño profundo. ¡Cómo quisiera! Yo rara vez duermo más de cuatro horas seguidas y muchas veces la paso en un sillón reclinable lejos de mi esposa.

Lo que enreda mi mente más que cualquier otra cosa es el hecho de que el Señor se está moviendo con más fuerza que nunca en nuestro ministerio. Los milagros no sólo están aumentando en número, sino que también en intensidad. Es común ver al Señor sanar a la gente de cosas como el cáncer, los tumores, la fibromialgia, las estenosis espinales y similares. Dios ha destapado oídos sordos, abierto ojos cegados, y ha hecho crecer piernas que eran unas pulgadas más cortas que la otra. Ha habido momentos en que he tratado con personas que sufren de enfermedades de las que nunca he oído hablar y que no podría pronunciar por más que tratare. Con todo, Dios trata con ellos y los sana de acuerdo a Su voluntad y su fe. Una vez que he terminado mi tarea del día las cosas vuelven a ser como antes y me encuentro hecho un completo desastre.

Mi Más Grande Temor

Lo que escribiré a continuación puede ser confirmado por mi esposa, porque ella ha tenido que lidiar personalmente con las respuestas negativas a mis dolencias físicas y emocionales. Al principio, yo no lo manejan bien. ¡Oh!, cómo me identifiqué con Jeremías cuando hablaba de su dolor y cómo sus heridas eran tan graves. Debido a que mis dolores se hicieron de naturaleza crónica, me encontraba continuamente irritable e impaciente. Mi esposa estaba sufriendo las consecuencias de mi ira y esto empezó a asustarme casi hasta la muerte. Tenía miedo de que un día estuviera tan harta como para irse y no nunca más regresar. No podía creer que yo hubiera caído tan lejos. No me gustaba mirarme en el espejo porque no me gustaba lo que veía. Pero, ¿cómo iba yo a volver al lugar en Dios en el que había estado durante tantos años? Sentí que las heridas estaban socavando más profundo cada día y que las cicatrices se estaban arraigando en mi corazón. Fue entonces cuando empecé a clamar a Dios al igual que David.

Afligido estoy en gran manera; Vivifícame, oh Jehová, conforme a tu palabra. (Salmos 119:107)

No le tomó mucho tiempo al Señor para responder a mi petición, pero nunca pensé que su repuesta sería semejante.

Ciertamente llevó él nuestras enfermedades, y sufrió nuestros dolores; y nosotros le tuvimos por azotado, por herido de Dios y abatido. Mas él herido fue por nuestras rebeliones, molido por nuestros pecados; el castigo de nuestra paz fue sobre él, y por su llaga fuimos nosotros curados. (Isaías 53:4-5)

Él quería que yo estuviera seguro de que mis penas ya habían sido atendidas. Las llagas que Él llevaba en Su espalda le permitieron confirmar Su membrecía a la fraternidad de los afligidos. Pero la lección objetiva que Él estaba tratando de enseñarme al traer estas Escrituras a mi atención era el simple hecho de que ya sea que estuviera lisiado o completamente sano, Sus heridas y llagas en conjunto con Su muerte me dieron la oportunidad de la salvación que nunca podría haber alcanzado por mi cuenta. A pesar de que las aflicciones puestas sobre Él fueron completamente inmerecidas e injustificadas Él estaba dispuesto a dar Su vida de cualquier manera para que un mundo moribundo pudiera salvarse. Lo curioso de haber sido liberado de sus aflicciones fue que no sucedió sino hasta después de su muerte. Era la única manera de que su plan funcionara.

Después de ser humillado por su respuesta, la decisión final tenía que llegar y esto es lo que finalmente decidí. Ya fuera que Él me sane o no, y sin importar la gravedad de mis males, mi nuevo lema sería: "lo voy a soportar". Mis cicatrices de guerra tienen ahora un nuevo significado y puedo seguir viviendo mi vida en paz.

sino gozaos por cuanto sois participantes de los padecimientos de Cristo, para que también en la revelación de su gloria os gocéis con gran alegría.
(1 Pedro 4:13)

Me gustaría cerrar este capítulo con una cita de uno de mis predicadores favoritos, TF Tenney. En una ocasión le oí decir esto en un sermón: "Nunca confíes en un hombre que camina sin cojear." Son palabras sabias que vienen de un hombre muy sabio. Mi última pregunta para usted es ésta, ¿acaso sus cicatrices de batalla son una fuente de orgullo o las esconde por vergüenza? Regocijémonos en el hecho de que Dios ha permitido que tú y yo seamos partícipes de sus sufrimientos. Existe un beneficio eterno que es demasiado bueno como para dejarlo pasar.

Si sufrimos, también reinaremos con él:
(2 Timoteo 2:12)

CAPITULO 4

El Soldado Desconocido

Tú, pues, sufre penalidades [adversidades] como buen soldado de Jesucristo. (2 Timoteo 2:3)

Desde que era un niño pequeño, de vez en cuando solía escuchar acerca de un "Soldado Desconocido" el cual estaba siendo honrado en nuestro país. Usualmente el tema surgía cuando celebrábamos el Día de Conmemoración de los Caídos o el Día del Trabajo, y yo sabía más o menos de que estaban hablando, pero sólo vagamente. En realidad, no fue hasta que me tomé un tiempo para estudiar la historia del "Soldado Desconocido" que pude entender completamente el impacto de esta tradición en nuestro país.

El honor se originó en 1921 luego de la Primera Guerra Mundial. Un soldado fue seleccionado de entre cuatro campos de batalla distintos en diferentes partes del mundo. Después de haber sido exhumado, fue transportado desde Europa hacia los Estados Unidos. Después de que uno de estos valientes soldados había sido elegido para representar a todos los soldados desconocidos que habían dado sus vidas por su país, una tumba fue hecha para él. En las guerras subsecuentes, también fue elegido un "Soldado Desconocido". Actualmente, hay cuatro soldados desconocidos enterrados en el Cementerio Nacional de Arlington, uno por cada guerra mundial, la guerra de Corea y la Guerra de Vietnam. Hoy en día, gracias a la tecnología, se conoce la identidad del último soldado.[5]

La atención y el honor que se les rinde son fenomenales. Un Centinela vigila la tumba las veinticuatro horas del día, siete días a la semana. Totalmente preparado para la intrusión, el Centinela porta su arma apuntándola en dirección opuesta a la tumba. Estando de servicio, el Centinela cruza una calzada recubierta de hule de exactamente sesenta y tres pies en exactamente veintiún pasos. A continuación, mira hacia la tumba durante veintiún segundos, y vuelve a girar nuevamente, y hace una pausa adicional de veintiún segundos antes de repasar sus pazos. El número veintiuno simboliza el más alto saludo otorgado a dignatarios en las ceremonias militares y estatales. En mi opinión, la inscripción de la tumba es su característica más impresionante. La inscripción lee: "Aquí Descansa en Gloria Honrosa un Soldado Americano conocido solo por Dios." De entre todos los héroes de guerra condecorados en nuestra historia, hasta hoy el "Soldado Desconocido" es quien recibe nuestro más alto honor y respeto.[6]

Mientras tanto pasaremos a centrar nuestra atención al día del Juicio Final, la gloria honrosa de Dios será otorgada a solo a aquellos que Él conoce. De una manera hasta cierto punto similar al honor concedido al "Soldado Desconocido", habrá ciertas personas de las cuales ni si quiera hemos oído hablar, quienes se abrirán paso hacia el frente para recibir lo mejor de Dios. Nunca tuvieron un púlpito para su ministerio, y mucho menos ninguna habilidad en oratoria. Les bastó trabajar en el anonimato, de manera discreta, y en realidad al final de la jornada no les importó quien recibiera el crédito por el trabajo que habían realizado. Trabajaron sin descanso, pasando totalmente desapercibidos o, peor aún, menospreciados. Porque su trabajo nunca consistió en ser el centro de atención, la importancia de su trabajo se perdía en el resplandor del ministerio. Al mencionar su nombre nadie los reconoce, pero ciertamente Dios sabe quiénes son y lo que hicieron. La razón por la que Dios los ama tanto se debe a que nunca persiguieron el protagonismo. El privilegio de trabajar para Él en Su reino era suficiente inspiración para hacer lo que nadie más estaba dispuesto a hacer, (es decir, el trabajo sucio). Lidiar con las aflicciones y los tiempos de dificultad no fue un obstáculo y siempre se pudo contar con ellos, no sólo para completar un trabajo, sino para hacerlo con toda diligencia. Si usted está realmente llevando la cuenta de la cantidad así como de la gravedad de las aflicciones que ellos tuvieron que soportar, sin mencionar la voluntad para llevarlas a cabo, tendrían que estar de acuerdo con que ellos estaban años luz por delante de todos los demás. Empero, sólo el Señor podría decir que Él sabía quiénes eran ellos.

Uno de los Primeros Soldados Desconocidos

Es de uno de aquellos "Soldados Desconocidos" de quien quisiera escribir hoy. A simple vista, su nombre es un poco fuera de lo común, y más difícil de deletrear aún. Creo que el intentar pronunciarlo hace que sea un desafío aún mayor, y estoy seguro que a lo largo de toda su vida, muy pocas personas podían pronunciar su nombre correctamente. Al investigar más profundamente el significado de su nombre, y más detenidamente descubrí que la combinación utilizada para formar su nombre era bastante fascinante. Literalmente, su nombre significa "Jehová su Gloria."[7] Mis estudios demuestran que ella fue la primera persona en las Escrituras que tuvo un nombre compuesto con el nombre de Dios (Jehová). Lo que era aún más sorprendente es el hecho de que este nombre le fuera otorgado a una mujer. Vivir en los tiempos del Antiguo Testamento, significaba que a las mujeres se les trataba sólo un poco mejor que a los esclavos. Lo que hace su nombre más sorprendente aún, es el hecho de que la nación judía tenía tal temor y reverencia por el nombre de su Dios que ni siquiera lo pronunciaba en público por miedo a pronunciarlo mal. El nombre de Yahvé fue sustituido en vez de Jehová para mantener a todos en línea. La pregunta que debemos hacernos entonces es ésta, ¿era su anonimato una mera coincidencia o estaba destinado por Dios? ¿Quién era esta mujer de Dios con un nombre tan extraño? Ella era nada más y nada menos que la madre de Moisés, Jocabed

Ella vivía en una época en la que Israel estaba en cautiverio. Como si ser esclavo de los egipcios no fuera lo suficientemente malo, el decreto dado por el Faraón le trajo aún más aflicción. Por decreto del Faraón, todos los bebés hebreos varones estaban condenados a muerte, y su hijo recién nacido entraba en esa categoría. Comprendía plenamente que si ella decidía ocultarlo de la muerte inminente y era descubierta, no solo perdería la vida el bebé, sino que ella también. Era una situación con la que nadie, mucho menos una madre, quisiera lidiar. Si alguna vez hubo una situación sin salida, esta lo era.

Tomar una decisión hubiese sido mucho más fácil si hubiera tenido cualquier tipo de intervención divina. A diferencia de María, la madre de Jesús, ella no tenía ningún ángel quien le entregara mensajes para asegurarle que este embarazo sorprendente estaba inspirado divinamente. Ella no podía depender de profecías que habían sido dadas en las Escrituras y que anunciaban la grandeza de su pequeño hijo. Las confirmaciones en el cielo con estrellas y huestes angélicas nunca fueron puestas a su disposición para levantar su fe. Sin embargo, una decisión debía ser tomada. Ella necesitaba claridad mental para ser capaz de examinar otras opciones, en caso de que estuvieran disponibles.

Al menos comprendía lo siguiente. Ella estaba en una tierra ajena y no gozaba de ningún tipo de derecho. Se enfrentaba a un Faraón cruel y celoso con seguidores leales, que estaba decidido a destruir a la nación hebrea. Si el decreto del Faraón iba a ser desobedecido en forma desafiante, este atrevimiento por sí mismo sería interpretado como un deseo de muerte. Lo qué haría de esta situación aún más desesperante sería el hecho de que ella tendría que poner sus instintos maternales en suspenso y hacer algo que parecía cruel. Ella tenía la idea descabellada de que si ella construía una pequeña arca podría salvar a su hijo, colocándolo en su interior, poniéndolo en el río Nilo, y luego esperando que algo bueno sucediera. Cualquiera observando de lejos habría llegado a la conclusión de que esta mujer había perdido la razón por completo. ¿Quién en su sano juicio podría creer honestamente que el arca sería el medio que Dios utilizara para hacer un milagro? Si los cocodrilos no se lo comían primero, seguramente las corrientes del río volcarían el arca y el bebé se ahogaría.

Poniéndolo en las Manos de Dios

¿Por qué estaba tan dispuesta a poner la vida de su bebé en las manos del destino? Pero esta "soldada desconocida" de hecho tenía una mejor comprensión de la situación que nosotros. Ella no estaba poniendo a su bebé en las manos del destino; ella en realidad estaba poniendo a su bebé en las manos de Dios. El valor que ella demostró en tiempos de aflicción, sin duda le ayudo a estar a la altura de su nombre "Jehová su Gloria." Fue poco después de que el arca se encontrara flotando en el río Nilo, que el milagro comenzó a desarrollarse. Mientras la hija del Faraón estaba bañándose, la pequeña arca se abrió paso suavemente, lo bastante cerca como para para que ella pudiera verla en la distancia. La curiosidad se apoderó de ella y mandó a sus sirvientes a que le trajeran el arca para mirarla más de cerca. Al abrir el arca, halló al bebé más hermoso que había visto. A pesar de que sabía que era un bebé hebreo, el bebé halló gracia delante de ella y ella decidió quedarse con él. Aquí es donde la providencia divina comenzó a mostrarse. Ella contrató a Jocabed para ser su ama de crianza.

Su nuevo trabajo, aunque la relegara de nuevo a las sombras, proporcionaría una oportunidad no sólo para cuidar a su hijo, sino también para educarlo en los caminos del Señor. Ella comprendía que debido a que el Señor fue lo suficiente misericordioso como para salvar a Moisés de la muerte inminente, tenía que haber un propósito especial para su vida. Con esto en mente, se aseguró de que la palabra de Dios se le fuera enseñado de tal manera que los fundamentos que ella estaba proveyendo nunca le permitieran olvidar a su Dios. Esta misión detrás de las escenas ahora la situaba paralelamente con la misión dada a María, la madre de Jesús. Y al igual que María, ella haría cualquier cosa en su poder para educar a su niño de forma correcta. A diferencia de María, las generaciones futuras no le concederían el mismo honor. En realidad, sería más bien olvidada rápidamente. Al final de su vida y la culminación de su misión, ella verdaderamente encajaba en la definición de un "Soldado Desconocido". Realmente no sé si hay algún tipo de inscripción donde está enterrada, pero de ser así, debería decir: "Aquí Descansa en la Gloria Honrosa una Hija del Rey Conocida Solo por Dios"

A lo largo de la historia de la humanidad, el Señor ha reservado un lugar en el cielo para muchos "Soldados Desconocidos". Incluso durante la época oscura cuando la religión era casi inexistente, el Señor siempre tenía un remanente de creyentes dispuestos a elevar Su santo nombre. El hecho de que sean desconocidos para nosotros significa poco para Él, porque son aquellos que ha utilizado en las sombras y en el anonimato para evitar que la verdad sea extinguida. Mi generación (nacida en los años 50) ha tenido su porción de héroes, aquellos que nos han inspirado para servir a Dios con mayor fidelidad. Han sido el ejemplo que hemos utilizado para sostener nuestras vidas en Dios cuando la más severa de las aflicciones intentaba destruirnos. Una de las personas que tuvo semejante impacto en mi vida de tantas formas diferentes fue mi abuela de lado materno.

Un Soldado Desconocido Moderno

Francisca Hernández no es un nombre que le sonará conocido a nadie. Si alguna vez hubo una mujer que vivió su vida en el anonimato, fue ella. A primera vista, parecía ser la típica mujer hispana, un poco tímida pero muy trabajadora. Si hubiera una Escritura que describiera su vida, sería esta:

> *Todo lo que te viniere a la mano para hacer, hazlo según tus fuerzas; porque en el Seol [en la tumba], adonde vas, no hay obra, ni trabajo, ni ciencia, ni sabiduría.* (Eclesiastés 9:10)

No sé si ella tenía el presentimiento de que su vida en este mundo sería corta porque aprovechaba cada hora del día, usando sus manos como una bendición para quien se le cruzara.

El significado de su nombre nos da una idea de qué tipo de persona que era. Francisca significa: generoso, dadivoso. Sé que casi todas las abuelas vivas hoy en día caerían en esa categoría en particular. Pero al mismo tiempo había algo acerca de ella y de su vida que me ha ayudado a ver que ella estaba dando más allá de lo usual. Yo sé personalmente ella tuvo un gran impacto en mi vida e hizo algo que no creo que haya hecho por sus otros nietos que amaba tanto. Nosotros jugábamos un pequeño juego cuando el Abuelo estaba en el trabajo. Ella me permitía entrar a su habitación para ver debajo de la cama por el lado en que mi abuelo dormía. Me daba mucho tiempo para mirar debajo de la cama en el lugar donde solían caérsele de su pantalón algunas monedas mientras leía su Biblia. Podía llevarme cuanto podía sostener en mis pequeñas manos. Luego supe por medio de una de mis tías que ella hacía lo mismo cuando él no estaba. Ella tomaba todas las monedas que podía encontrar, las guardaba en un lugar seguro, y cuando tenía suficiente lo llevaba a la iglesia para dárselo a los misioneros.

Entre los muchos retos a los que se enfrentaba, interpretar el papel de "pacificadora familiar" fue tal vez el más agotador. Atender a nueve hijos y ser quien intercedía entre ellos y su estricto padre no fue una tarea fácil. La sabiduría para decir lo correcto en el momento adecuado seguramente fue inspirada por Dios. El efecto calmante que tenía entre los que ella tuvo la oportunidad de ministrar era increíble. Financieramente, hacer alcanzar el dinero era una hazaña que había que mirar. Ella tenía formas de estirar un dólar como no se imaginan, y hubo momentos en los que el dinero del hogar realmente necesitaba estirarse. Pero fue su deseo de ver a sus hijos salvos lo que sería el mayor reto de su vida.

Los Mayores Retos de su Vida

Las aflicciones de su vida fueron muchas, pero hay dos que destacaron por encima de cualquier otra cosa con la que tuvo que lidiar. Mi percepción que tenía de mi abuela, que murió cuando yo tenía nueve años de edad, era la de una mujer que siempre estuvo enferma. Nuevamente, cuando hablé con una de mis tías, confirmó que esto era un hecho. Era de forma delgada y un tanto frágil. Ella sufría de varias dolencias, pero la artritis era lo que le causaba la mayor parte de su dolor. Cuando contrajo leucemia, es decir cáncer en la sangre, fue la enfermedad que no sería capaz de superar.

Fue durante esta época que su hijo mayor le trajo las más grandes angustias. Él había sido educado en los caminos del Señor, pero cuando creció lo suficiente como para dejar el hogar él lo hizo sin intención alguna de servir a Dios. Para hacer su decisión menos obvia, él se unió a las Fuerzas Armadas en el Ejército por un breve periodo, y cuando hubo cumplido el servicio regresó a los Estados Unidos para vivir una vida en las calles en actividades con pandillas. Él subió de rango en la pandilla local hasta llegar a ser el líder de la banda, y era un tanto despiadado. Él era bueno dirigiendo a otros porque su estilo de vida se había convertido en su pasión, y el alcohol y las drogas se convirtieron en su dios. Al ir yo creciendo, mi recuerdo de él era el de un hombre que causaba un gran alboroto cuando de vez en cuando venía de visita a la casa de mi abuela. Sus visitas siempre solían dejar a mi abuela nerviosa y perturbada. Sólo una madre podría comprender lo que estoy a punto de escribir acerca de cómo tratar con hijos rebeldes. Hay algo acerca de la actitud de nunca rendirse de una madre que le permite continuar tocando el trono de Dios en la oración, sabiendo que por la gracia de Dios su petición no solo será escuchada, sino también respondida.

Su mejor arma, lo cual es evidente, era su vida de oración. La conexión diaria que tenía con su Dios era su vida. Muchos de los que la habrían visto hubieran sentido lástima por ella, por el hecho de estar encerrada en su casa a causa de sus dolencias físicas. Ella aprovechó su tiempo a solas para pasar tiempo de calidad ante la presencia del Maestro. Ella fue mi primer ejemplo de lo que un guerrero de oración verdaderamente es en realidad. Después de que mi mamá y papá se divorciaron, la abuela fue quien se encargó de nosotros mientras mamá salía a trabajar por primera vez. Por lo general yo era el primero en llegar a su casa después de la escuela. Mientras paseaba por toda la casa buscándola, si el equipo de sonido sonaba a todo volumen con música góspel cuando yo entraba, ya sabía exactamente dónde encontrarla. Ella solía escapar a una habitación justo detrás de la sala donde se encontraba el equipo de sonido. Ella escuchaba su música un tanto fuerte, pero eso no le impedía levantar la voz, haciéndole la competencia al equipo de sonido mientras ella adoraba a Dios en otras lenguas. Yo colocaba mi oreja tras la puerta y cuando la escuchaba alabando en voz alta a Dios en su idioma de oración, sentía una sensación de paz y sabía que todo iba a estar bien.

A medida que mi tío se involucraba más con la pandilla, el temor de ella por su vida crecía a pasos agigantados. Recuerdo que mi mamá me dijo que Dios despertaba a la abuela en la madrugada para que intercediera por su hijo. Más tarde se enteraron de que en el preciso momento que esto sucedía él estaba envuelto en tiroteos hostiles. Como oraba al Señor para poner un cerco de protección alrededor de él, nunca fue herido y mucho menos muerto como algunos de sus compañeros de la banda. Había infinidad de veces que se despertaba en medio de la noche, cuando continuaba con la misma misión orando por David, porque él estaba en problemas. Hubo momentos en que su corazón quería estallar de dolor, pero ella no podía renunciar, era demasiado importante y alguien tenía que asumir la responsabilidad de orar por él. Nadie sabía que ella iba hasta estos extremos para orar por su salvación, pero Dios lo sabía, y Dios la conocía. A pesar de que tomaría algún tiempo para que la respuesta llegara, me parece que cuando ella ponía su música y se escapaba calladamente a ese cuarto, el Señor ya estaba allí dentro, dispuesto a escuchar su clamor. Era una buena soldada, porque los buenos soldados siempre soportan las adversidades.

Ésta Oración Hizo la Gran Diferencia

Ella no era la única tras su hijo, porque la batalla por su alma se intensificaría y el enemigo estaba dispuesto a poner todas las trabas para asegurarse de que ella dejaría de orar por él. Eso significó que sus aflicciones físicas se volvieran más pronunciadas. Los medicamentos recetados para aliviar el dolor artrítico estaban perdiendo su fuerza. Ella también estaba perdiendo la batalla contra la leucemia. Su cuerpo estaba muy desgastado y abatido, y con la mente emocionalmente agotada. Cuando el Señor decidió no aliviar el dolor de la artritis y liberarla de la debilidad de su cuerpo por medio de la leucemia, ella tomó una decisión en la oración que iba a cambiar el curso de no sólo su vida, sino también la de su hijo. Su única plegaria se convirtió en esta, "Por favor no me dejes morir hasta que no vea a mi hijo salvo." Sin importar cuánto tiempo tomara, sin importar lo que ella tuviera que soportar, sería la oración que ofrecería hasta recibir una respuesta, o moriría en el intento.

Lo que estoy a punto de escribir sucedió hace más de cincuenta años, y sin embargo en mi mente está tan claro como si hubiera sucedido ayer. Un grupo de los nietos estábamos jugando en la yarda al lado de la casa de mi abuela. Mientras nosotros correteábamos como normalmente lo hacíamos, el auto de mi tío David llegó y se estacionó en frente de la entrada. No estoy seguro de cuánto tiempo esperó, pero toda la familia estaba en el auto, con la esperanza de que la abuela no se tardara demasiado en llegar. Cuando ella y mi abuelo llegaron conduciendo hacia la entrada, mi tío se apresuró en bajar del auto, corriendo hacia ella mientras se acercaba al pórtico.

Él dijo: "Mamá, no vas a creer esto, pero Dios me llenó con el Espíritu Santo cuando estaba en casa."

Su mirada de asombro lo decía todo. "David," pronunció ella con enojo, "No bromees con esas cosas, eso no es gracioso."

Él comenzó a relatarle la experiencia mientras ella le miraba con incredulidad. Al encontrase bajo el efecto de la heroína y el alcohol, él había comenzado a sentir que su vida se le estaba escapando. Él clamó a Dios en estas palabras exactas: "¡Dios, estoy muriendo! Ten piedad de mí". Cuando por fin se dio cuenta de que le estaba diciendo la verdad, ella se echó a llorar, lo abrazó con fuerza, y mientras él le devolvía el abrazo, empezaron a hablar los dos simultáneamente en otras lenguas, en ese preciso lugar, en el pórtico. Fue bautizado más adelante en el nombre de Jesús en octubre de 1963. Poco más de un año después, ella finalmente sucumbió ante la leucemia, muriendo a la prematura edad de cincuenta y tres. Han pasado años desde que fui por última vez a visitar su tumba, y valgan verdades, realmente no recuerdo lo que había escrito en su lápida. Pero sabiendo ahora lo que sé de mi abuela y la gran soldada que era en el Ejército de Dios, creo que lo más apropiado habría sido escribir en su lápida: "Aquí Descansa en la Gloria Honrosa una Hija del Rey Conocida Solo por Dios"

El Fruto de Su Labor

Lo cierto es que ella no fue liberada de sus aflicciones sino hasta su muerte. Con su nuevo cuerpo inmortal en los cielos no hay dolor ni sufrimiento. Las agonías de su vida pasada son sólo eso, pasadas. Pero ¿qué sucedió con el hijo por el cual prácticamente había dado su vida, soportando todas éstas adversidades como buen soldado? El Reverendo David Hernández se convirtió en uno de los hombres más influyentes en el mundo cristiano luego de recibir al Espíritu Santo. Pastoreando una de las más grandes iglesias hispanas en el área de Los Ángeles, él se dispuso a hacer una diferencia en las vidas de aquellos que habían sufrido grandes aflicciones. Era innovador y visionario a la vez. Su fe de niño lo llevó a los lugares donde hombres más educados y experimentados temían ir. Entendiendo que separarse de un estilo de vida de pandillero era casi imposible, él valientemente abrió el primer centro de rehabilitación para drogadictos y alcohólicos en su organización cristiana. La crítica y el ridículo no le impidieron obedecer la voz de Dios. Más tarde abrió una escuela cristiana, seguida de una guardería cristiana. En mi opinión, el mayor impacto en su organización fue la pasión que demostraba por la alabanza y adoración. En esencia, se convirtió en el padre del grupo de "alabanza y adoración", siendo su influencia tan amplia que cambió por completo la cultura de toda una organización. En años posteriores, el coro de su santuario se convertiría en una extensión de sí mismo, ganando varios premios en concursos de coros.

Por mucho impacto que Dios tuviera en su vida, todo fue posible mediante el sacrificio de una "Soldada Desconocida". No me sorprendería si, en el juicio final, la recompensa que ella reciba fuera mayor que la de él o cualquiera de nosotros que ministramos en el centro de atención. Dios tiene formas de recompensar los esfuerzos de sus hijos que se han perdido en el anonimato. Pueden ser desconocidos para nosotros, pero ante los ojos de Dios no sólo son valerosos y valientes, sino también muy apreciados.

CAPITULO 5

En el Ojo Del Observador

... Dios, a quien creyó, el cual da vida a los muertos, y llama las cosas que no son, como si fuesen;
                              (Romanos 4:17)

Todo en este mundo es relativo. No importa cuánto patees o grites sobre las cosas que crees en este mundo, nada es absoluto. Por absoluto me refiero a que nada ni nadie es perfecto, excepto por supuesto el Señor Jesucristo. Determinar si algo es bueno, malo, bonito o feo depende de quién lo esté mirando. Allá por los años 60, cuando yo era un niño, me acuerdo de que había una comedia llamada "Los Munsters". Era un programa que mostraba la vida familiar de estos personajes de aspecto particular y macabro. Entre ellos se encontraban personajes que se parecían al monstruo de Frankenstein, vampiros y hombres lobo. Vivían en una casa encantada que era tan espeluznante por adentro como afuera. La razón por la que hago mención a este programa en particular se debe a un miembro de la familia que era considerado "el patito feo". Ella era la única de la familia (en realidad, una sobrina de la madre) que no tenía características físicas macabras. Era algo así como una doble de Marilyn Monroe (el nombre de su personaje era Marilyn Munster), pero ante los ojos de sus parientes, ella era inquietantemente fea. La familia veía la apariencia de Marilyn como una aflicción, pero aun así la trataban con amabilidad y amor. Marilyn misma era muy consciente de su "fealdad", y lamentaba el hecho de que ella continuamente espantaba a sus potenciales novios, sin darse cuenta de que los jóvenes, en realidad, eran espantados por su monstruosa familia.[8] Ahora bien, ¿quién tenía razón, la familia o los potenciales novios? En verdad, la belleza depende del ojo del que mira.

La única Opinión que Importa

Evaluando lo que somos y lo que vivimos por Dios, el único punto de vista que deberíamos considerar como absoluto es el del Señor Jesucristo. En la actualidad, su opinión es la única que realmente importa, porque Él no fluctúa, Él tampoco duda. Él no se ve afectado por los estilos, costumbres, tradiciones o modas. Él ve las cosas de una manera, y hay una buena razón por que lo hace. Él quiere estar seguro de que se nos dé un futuro con esperanza.

> *Porque yo sé los pensamientos que tengo acerca de vosotros, dice Jehová, pensamientos de paz, y no de mal, para daros el fin que esperáis [un futuro con esperanza]. Entonces me invocaréis, y vendréis y oraréis a mí, y yo os oiré; y me buscaréis y me hallaréis, porque me buscaréis de todo vuestro corazón.* (Jeremías 29:11-14)

Por esa simple razón, Él se toma Su tiempo para meditar, pensando en nosotros. Lo que es aún más alentador es que de acuerdo a Jeremías, sus pensamientos acerca de nosotros son de paz que no incluyen ningún tipo de mal. Esta esperanza y futuro pueden traducirse literalmente como una cuerda que se utiliza para atar.[9] En términos sencillos, la respuesta que vamos a recibir del cielo, será personalmente firmada, sellada y entregada. ¿Qué más se puede pedir de un

Dios que está tratando de convencernos de que todo el cielo está de nuestro lado y que está dispuesto a abrir sus ventanas para derramar una bendición incapaz de contenerse? Lo que es aún más impresionante de nuestro Dios, es el hecho de que en estos tiempos de debilidad y desobediencia, Él todavía puede ser encontrado fiel.

> *Si fuéremos infieles, Él permanece fiel; Él no puede negarse a sí mismo* (2 Timoteo 2:13)

Eso sólo puede significar que nuestro Señor y Salvador está en esto por el largo plazo y está totalmente confiado de que puede llevarnos al nivel de vida victoriosa que Él nos ha prometido desde el principio.

Ahora bien, nuestra parte en este pacto se tiene que poner a trabajar. Cuando al fin comprendamos dónde está Dios en nuestras vidas, debemos humillarnos en oración y buscarlo con todo el corazón. La palabra clave en este pasaje es buscar. La búsqueda de Dios se convierte en más que una mirada casual. Una definición de la palabra buscar es tratar de descubrir.[10] En un caso judicial el proceso de descubrir no deja ninguna piedra sin voltear. Cualquiera que sea el equipo de abogados que haga el mejor trabajo en este punto, tendrá una ventaja adicional cuando el caso comience. La tenacidad de un descubridor no se encuentra en un observador casual. Su ambición para encontrar algo o alguien es lo que lo diferencia de los demás. El objetivo de un descubridor es ser el primero en encontrar lo que nadie más tiene, y no dejará de buscar hasta que tenga éxito. Ese es el tipo de tenacidad y resolución necesarias en nuestra búsqueda de Dios. Es entonces cuando vamos a empezar a vernos como Él nos ve, lo que a su vez hará que el tiempo que pasemos en Su presencia no sólo sea delicioso, sino también lleno de propósito.

Una Forma de Ver

Ver a simple vista es sólo una forma de mirar, y ni siquiera es la mejor manera. En ocasiones, nuestros ojos tienen la capacidad de engañarnos. Vemos cosas que no están realmente allí y nuestra vista se vuelve engañosa. Hay un dicho de Benjamín Franklin que vale la pena ser repetido. *No creas nada de lo que oyes y sólo la mitad de lo que ves.*[11] Me viene a la mente el mejor ejemplo de esto puesto en práctica en un discurso del árbitro de la NFL Jim Tunney que escuché en la escuela secundaria. Trataba de explicar a nuestro equipo de futbol, durante el banquete de entrega de premios de final de temporada, lo difícil que es arbitrar en el nivel profesional. Puso ambas manos delante de su pecho, una a cinco pulgadas de su pecho y la otra a cinco pulgadas en frente de la primera. Empezó a mover las manos hacia arriba y hacia abajo al mismo tiempo y entonces hizo la pregunta: "¿Se tocaron alguna vez mis manos entre sí?" Él continuó moviendo las manos en direcciones diferentes y luego hizo la pregunta, "¿Tocaron mis manos alguna vez mi pecho?" Desde nuestro lugar donde estábamos, nuestra percepción de la profundidad no era la mejor. Parecía como si sus manos hubieran tocado el pecho algunas veces, pero en realidad no era así. Esa demostración siempre ha quedado en mi mente, sobre todo cuando voy más allá del reino físico para ver las cosas en el reino espiritual.

En un momento de la historia, los judíos veían a los gentiles nada más que como perros. Su percepción sobre los gentiles era de repugnancia. Ninguna persona gentil podía ascender al nivel de éxito de una persona judía, porque ante sus ojos los judíos eran el pueblo escogido de Dios. Tradición es suficientemente dura de hacerle frente, por no hablar de cuando el prejuicio es añadido, haciendo que la percepción se distorsione más aún. Si el Señor debía traer la salvación a los gentiles, algo dramático tendría que suceder en la vida de la nación hebrea para ver las cosas de manera diferente.

Una Oración de un Gentil Alcanza el Cielo

Las oraciones de Cornelio encontraron su camino hacia la presencia de Dios, y eso fue suficiente para que Él hiciera llegar el plan de salvación a los gentiles. Sin conocer siquiera al único y verdadero Dios, su dedicación a la oración y a la adoración llamó la atención del Señor. Ante esto, Dios necesitaba a un hombre para entregar este mensaje, y la suerte cayó sobre el apóstol Pedro. Prejuicioso a más no poder, parecía que el Señor había cometido un error al tratar de convencer a este siervo de Dios que la preciosa salvación debía llegar una nación gentil que él había aborrecido toda su vida. En un momento de consagración, Pedro recibió una visión de Dios. Mientras un lienzo bajaba del cielo con cuatro bestias salvajes, lo que vino después fue totalmente inesperado. Observe la manera en que Dios hizo para llamar su atención:

> *Y oí una voz que me decía: Levántate, Pedro, mata y come. Y dije: Señor, no; porque ninguna cosa común o inmunda entró jamás en mi boca. Entonces la voz me respondió del cielo por segunda vez: Lo que Dios limpió, no lo llames tú común. Y esto se hizo tres veces, y volvió todo a ser llevado arriba al cielo.*
>
> (Hechos 11:7-10)

Tratando de entender lo que acababa de ver y experimentar, un golpe en la puerta lo trajo de vuelta a la realidad. La solicitud del hombre gentil que estaba tocando a la puerta hizo que empezara a encontrarle más sentido a la visión. Era un siervo de Cornelio, quien había pedido a Pedro ir a Cesárea para predicar el evangelio. En contra de su mejor juicio, Pedro siguió humildemente a este siervo y predicó el mensaje de Hechos 2:38 como se le dijo. A medida que el Espíritu Santo descendió sobre ellos, y fueron bautizados en agua, una nueva forma de ver las cosas salió a la luz.

Todavía quedaba una cuestión candente que era necesaria afrontar. Si ellos, hablando de los gentiles, ya estaban limpios, entonces ¿por qué Pedro tenía que ir y predicar la salvación a ellos? Así es como Dios ve las cosas con Sus ojos centrados en la eternidad y no en el tiempo. En los ojos de nuestro Dios, no hay ayer, hoy ni mañana, porque no hay tiempo en la eternidad. Aquí es donde la Escritura utilizada al comienzo del capítulo entra en juego.

...Dios, a quien creyó, el cual da vida a los muertos, y llama las cosas que no son, como si fuesen;
(Romanos 4:17)

El Señor ya sabe el resultado de cualquier situación en la vida de alguien antes de que suceda, y si Él dice que es bueno, entonces es bueno. Lo que realmente ocurrió en Cesárea ese día fue lo siguiente: Lo que Dios había visto en la eternidad por fin había llegado al tiempo del hombre para convertirse en una realidad. Pedro estaba dispuesto a ver con los ojos del observador eterno (Jesucristo), trayendo como resultando una oportunidad para ti y para mí, no sólo de ser salvados, sino que con esa salvación la promesa de algún día reinar con Él en el cielo.

Viendo como Dios Ve

Ver de la manera como lo hace Dios no es una tarea fácil. Se necesita algún tiempo para acostumbrarse, especialmente cuando nuestros fracasos pasados han limitado nuestro crecimiento en Él. Este próximo personaje de la Biblia realmente encaja en el patrón de una persona con muy baja autoestima. Su nombre era Mefi-boset. Las Escrituras nos dicen que era hijo de Jonatán (nieto del rey Saúl). Se creó en la corte del rey, pero él no era un niño real común y corriente. Su discapacidad limitaba su movilidad y no podía caminar por sí mismo. Cuando era un bebé se cayó, y nunca se recuperó físicamente. A pesar de pertenecer a la realeza esto no impidió que la gente se aprovechara de él, como le sucede a la mayoría de las personas con discapacidades. Por experiencia personal, sé exactamente a lo que él se tenía que enfrentar y esto no era muy agradable

Ser objeto de diversión de otros por ser un niño que se recuperaba del polio era algo humillante. Incluso, al principio, ni mi maestra de primer grado me quería en su salón de clases. A sus ojos, yo era muy diferente. En aquellos días yo llevaba un yeso debajo de la camisa que se extendía desde justo debajo de mis axilas hasta la cintura, alrededor de todo mi cuerpo. El yeso tenía conectados cables que permitían que los brazos colgaran delante de mí. Mis zapatos, por supuesto, eran ortopédicos, y parecía como si hubiera salido de un set de cine, de uno donde los monstruos rondaban por el área, tratando de causar catástrofes en las vidas de aquellos que se encontraban en su camino. Hubo tantas veces en que me sentí incómodo, pero ¿qué podía yo hacer? Dado a que los niños a veces son tan francos y honestos, no se dan cuenta de que sus palabras pueden ser muy hirientes.

Volviendo a la vida de Mefi-boset, la mejor atención médica no podía ayudarle a verse a sí mismo como algo más que un perro muerto (2 Samuel 9:8). Un perro en los tiempos bíblicos era percibido como un perezoso, ser despreciable considerado en el más bajo tipo de vileza. El verse uno mismo como un perro, y un perro muerto encima, dice mucho sobre el nivel de la auto-estima con la que vivía su vida. Un día, cuando David volvió al palacio sin anunciarse, se sintió un tanto turbado. El Señor había estado hablando con él acerca de mostrar misericordia a los de la casa del rey Saúl, y por el bien de Jonatán se inició una búsqueda que continuó hasta que alguien fue encontrado.

> *El rey le dijo: "¿No ha quedado nadie de la casa de Saúl, a quien haga yo misericordia de Dios?"*
>
> (2 Samuel 9:3)

Mientras Mefi-boset estaba de capa caída, Dios estaba hablando con el rey acerca de cambiar el curso de la vida de este joven. Tal vez otros no sentían que Mefi-boset merecía ningún tratamiento especial, pero ese no era el punto de vista del rey. Lisiado o no, este joven pertenecía aún a la realeza y tenía que ser tratado como tal.

> *Y vino Mefi-boset, hijo de Jonatán hijo de Saúl, a David, y se postró sobre su rostro e hizo reverencia. Y dijo David: "¿Mefi-boset?". Y él respondió: "¡He aquí tu siervo!". Y le dijo David: "No tengas temor, porque yo a la verdad haré contigo misericordia por amor de Jonatán tu padre, y te devolveré todas las tierras de Saúl tu padre; y tú comerás siempre a mi mesa."*
>
> (2 Samuel 9:6-7)

En lo que al principio parecía ser un mal encuentro por cual quiera lado que lo mirares, Mefi-boset nunca habría sido capaz de imaginar la misericordia mostrada hacia él en ese día. Su abuelo, el rey Saúl, había arruinado todo para el resto de la familia. Sin embargo, un rey sensible a la voz de Dios era capaz de ver a través de sus ojos y ser una bendición para alguien que había caído en desgracia ante los ojos de todos los demás. La gracia, la misericordia y el perdón, al igual que la belleza, realmente están en el ojo del observador.

A Través de los Ojos de una Mamá

Para mi es increíble, que crecer con una discapacidad no me haya afectado tan adversamente como lo hizo con tantos otros niños que sufren de la misma enfermedad. Tengo que darle mucho crédito a mi mamá, que siempre fue muy positiva cuando se trataba de mí. Hubo momentos en que, mientras me ayudaba a recuperar la salud a través de los ejercicios que los médicos habían sugerido, ella aprovechaba la ocasión para inculcar en mí la confianza necesaria para que tuviera éxito en todo lo que yo quisiera hacer. Ante sus ojos, yo no estaba en desventaja. Ante sus ojos, yo era como todos los demás. Fue a tales extremos para transmitir ese mensaje que después de un tiempo se arraigó en mi mente como una segunda naturaleza. Cuando me uní a la banda de la escuela, nunca dejé que mi discapacidad me impidiera aprender a tocar la trompeta. Por supuesto, debido a la falta de fuerza en mi mano derecha tenía que tocar con la mano izquierda, lo que se veía un poco extraño. Sólo me tomó un año para convertirme en el mejor trompetista del distrito, y debido a mi desventaja todo el mundo hizo del asunto algo más grande de lo que era en realidad. Cuando llegó la hora de hacer deporte, sí estaba limitado, pero esto no impidió que me uniera al equipo. Me aproveché de la única parte normal de mi cuerpo, mis piernas, y lo que era una desventaja se transformó en la oportunidad de mi vida. Sólo me tomó dos años para convertirme en el mejor pateador en el sur de California, y eventualmente ganar una beca para continuar mi carrera futbolística a nivel universitario. A pesar de que no me distinguía en el salón de clases, mis notas eran lo suficientemente buenas como para estar en varios roles de honor. Si usted fuera a mirar sólo mis logros y no mi cuerpo, se habría imaginado que físicamente no había nada malo en mí. Sentía que tenía un buen manejo de la adversidad y de mis diferentes aflicciones. Mis inseguridades de cómo me miraba a mí mismo no aparecieron sino hasta después de que había dado mi corazón al Señor.

 Creo que en uno de mis libros anteriores, hice mención de que el dar la mano era muy enervante para mí. Mi apretón débil causaba mucha aprensión, sobre todo al darles la mano a las hermanas de la iglesia. Muchas veces desviaba mi camino solo para evitar esa práctica, y sentía un nudo en el estómago porque era una forma tan común de saludarse. Siendo un adolescente, ya era bastante malo el tener que luchar a diario con tantos problemas de autoestima, pero así es la vida. Con todos los ajustes que tuve que hacer en mi nueva vida sirviendo a Dios, tratar con mi discapacidad física era a veces abrumador.

¿Hay Algo de Mal Conmigo?

Debido a mi falta de conocimiento de los caminos de Dios, yo estaba constantemente en una niebla espiritual. Aunque yo había orado lo mejor que podía para que Dios me sanara, nunca tuve éxito en esa área. Empecé a cuestionar todo. ¿Por qué no sanaba? ¿Hay algo que estaba haciendo mal, estaba Dios enojado conmigo por alguna razón en particular? Estas preguntas y muchas más sacudían constantemente mi mente y rara vez encontraba la paz. Llegué al punto en el que cuestionar mi salvación era constantemente como un aguijón en mi carne. ¿Por qué el Señor se saliera de su camino para salvarme cuando en esta condición física soy bastante inútil para Él? Prácticamente había tocado fondo, cuando la idea de arrepentirme de mi compromiso comenzó a parecerme mejor y mejor cada día. Antes de llegar a conocer bien al Señor, este tipo de estrés era extraño para mí. En el pasado siempre pude controlar mi destino poniendo todo mi empeño y trabajando más que todos los demás. Yo era un triunfador clásico, pero iba a descubrir que en el reino espiritual el trabajo duro a veces no equivale al éxito. Con Dios, el tiempo lo es todo, y en mi mente, algunas veces Él era demasiado lento.

Una de las grandes lecciones que aprendí en ese tiempo era la de no tomar una decisión importante cuando las cosas estaban yendo mal. Por más dolorosa y estresante como pueda ser la vida, nunca ha sido la intención de Dios que uno permanezca para siempre en el valle de las angustias. En el fondo está diseñada, para que uno pase hacia un lugar mejor.

Así que muchas malas decisiones se toman apresuradamente con la intención de aliviar el dolor que se siente en ese momento. Estas malas experiencias causan más dolor y sólo empeoran las cosas. Casi tomé una de esas decisiones cuando, después de dos años de no jugar al fútbol, recibí una oferta de beca del Estado de Utah. Uno de los ex entrenadores en el personal de la USC había tomado recientemente el cargo de Jefe entrenador del Estado de Utah, y quería que yo fuera con él. Sin ningún tipo de prueba, sin una visita al campus, completamente a ciegas, quería que yo tomara una decisión y la quería inmediatamente. Estuve muy cerca de decir sí en ese momento, la única cosa que me detuvo fue una señal en mi espíritu iniciada por Dios.

> *Cuando pases por las aguas, yo estaré contigo; y si por los ríos, no te anegarán. Cuando pases por el fuego, no te quemarás, ni la llama arderá en ti. Porque yo Jehová, Dios tuyo, el Santo de Israel, soy tu Salvador; ... Porque a mis ojos fuiste de gran estima, fuiste honorable, y yo te amé;* (Isaías 43:2-4)

¡Oh!, cómo me quería creer esas palabras y aplicarlas personalmente en mi vida, pero se me hacía muy difícil hacerlo. A pesar de que todavía no comprendía todo lo que Dios estaba tratando de hacer con mi vida, esto es de lo único de que estaba seguro. Me iba a quedar allí hasta que Dios me dijera que me moviera, aunque mi vida pendiera de un hilo. Si iba a entender mi relación con Dios, yo iba a tener que tener un cambio de actitud drástico. Estos pensamientos negativos persistentes acerca de mi condición física no me estaban haciendo ningún favor. Dicho esto, Dios decidió confrontarme.

Una Experiencia que Nunca Olvidaré

Una noche de sábado decidí asistir a un servicio en la sección juvenil de una iglesia vecina. Hablando del tiempo a mediados de los 70 cuando yo todavía era prácticamente un recién convertido. Realmente no me acuerdo quién era el predicador especial, ni mucho menos los coros que cantaban, pero fue un servicio que tendría un gran impacto en mi por el resto de mi vida. A medida que el servicio avanzaba, y por lo general los servicios para jóvenes eran mucho más vivos que los regulares de los domingos, el Espíritu de Dios se manifestaba de una manera extraordinariamente poderosa. No estoy bromeando, desde la plataforma hasta el último asiento en la parte trasera del santuario, las bendiciones de Dios estaban cayendo sobre todo el mundo. ¡Todo el mundo, menos yo! Mientras trataba de encontrar a Dios ese día, para poder así también ser un participante en Su magnífica gloria, no pude hacer ningún progreso en el Espíritu. Cuando empecé a rogar a Dios para que me dejara sentir lo que todo el mundo estaba sintiendo, su respuesta a mi petición me dejó completamente anonadado.

Él dijo: "Levanta el brazo derecho y adórame."

Inmediatamente salieron mis mecanismos de defensa y respondí: "Tú sabes que eso no es posible".

Lo dijo de nuevo: "Levanta el brazo derecho y adórame."

En ese momento yo estaba realmente molesto, porque nada bueno había ocurrido en el pasado cuando había tratado de hacer lo que me estaba pidiendo. Debido a la falta de fuerza y control, no sabía lo que iba a suceder cuando levantara el brazo. En el mejor de los casos se estremecería y temblaría; en el peor, se volvería a caer quizás golpeándome en la cara. Cuando lo dijo por tercera vez, perdí el control de mí mismo. Las lágrimas comenzaron a rodar por mis mejillas y emocionalmente estaba hecho un desastre.

Reuní el valor suficiente para decir en tono desafiante: "Mira este miserable pedazo de basura". Yo había tomado mi brazo derecho con la mano izquierda y con rebeldía lo elevé hacia el cielo. "Es frágil, feo y sin ningún valor. ¿Por qué no me sanaste por completo cuando tuviste la oportunidad? Tú puedes pedir cualquier cosa de mí y yo lo haré, pero por favor no me pidas que te adore con mi brazo derecho levantado."

Esperó un rato, hasta que vio que yo me había calmado. Cuando lo hice, Él estaba dispuesto a revelarme cómo realmente veía mi situación. Como se darán cuenta, Dios tiene la ventaja de ver nuestras vidas en Él. Porque Él no está limitado por el tiempo ni el espacio ya que vive en la eternidad. Su visión es mucho más grande que la nuestra. Ante mis ojos, mi estado físico me impedía avanzar. Ante Sus ojos, Él me lo dijo de esta manera, "Te quiero tal como eres".

Nunca en mi vida había oído decir palabras que fueran tan influyentes para mí. Inmediatamente me quebré, completamente humillado por Sus palabras, y poco a poco empecé a levantar mi brazo derecho adorando Su santo nombre. Fue en ese momento que Su presencia manifiesta cayó sobre mí, al igual que sobre todos los demás, y ese día salí del santuario una persona completamente diferente.

No sé si alguna vez seré capaz de ver las cosas de la manera que Él lo hace. Tal vez ese momento llegará cuando nos encontremos con Él en el aire. Creo que hasta que ese momento realmente llegue, sabiendo que Dios ve las cosas de manera diferente, le permitiremos tomar el control sobre lo que es bueno o hermoso o beneficioso en nuestras vidas. Esto puede sonar un poco ridículo, seguir ciegamente a un Dios que a veces no se explica. Pero creo que podemos dar ese paso de fe con toda confianza, sabiendo que Él ve esas cosas que no son como si fuesen. ¿No le gustaría darle la oportunidad de firmar, sellar y entregar su bendición para ti hoy? Recuerde que la belleza está en el ojo del que observa y es nuestro Dios, cuyos ojos están sobre nosotros.

CAPITULO 6

Gozando del Fruto En tu Tierra de Aflicción

Y llamó el nombre del segundo, Efraín; porque dijo: Dios me hizo fructificar en la tierra de mi aflicción.
(Génesis 41:52)

Nombrar a los hijos como un recordatorio de experiencias inolvidables era una práctica común en el Antiguo Testamento. Cada tribu de Israel tenía un significado importante. Por ejemplo, Judá significa alabado sea Dios. Benjamín significa hijo de mi mano derecha. Algunos fueron nombrados en una época en la que las bendiciones de Dios eran evidentes en la vida de Jacob. Por otro lado, había otras que fueron nombradas en momentos en que todo en su vida corría fuera de control. Como esta costumbre era transmitida de generación en generación, las Escrituras que hemos citado aquí en Génesis 41 son un buen ejemplo de lo que estoy hablando.

José era un hombre que sufrió más aflicciones de las que le tocaban. Las circunstancias adversas que tuvo que superar no sólo fueron numerosas, sino que también excesivamente dolorosas. Como el Señor lo dirigió a la victoria en cada una de esas circunstancias, nunca dejó de glorificar a Dios. Eso era exactamente lo que tenía en mente cuando nombró a sus dos hijos Manasés y Efraín. A pesar de que ambos nombres tenían gran significado para José, es a su hijo menor Efraín a quien consideraremos aquí. El significado literal del nombre de éste hijo es "doblemente fructífero."[12] Él fue nombrado doblemente fructífero porque incluso en la tierra de su aflicción no podía evitar que Dios bendijera a José, su padre. Casi todas las personas pueden ser bendecidas cuando todo les está yendo bien, pero si alguien tiene esas mismas bendiciones cuando todo va de mal en peor, entonces esa persona está verdaderamente bendecida doblemente.

Una Bendición Inmerecida

Tal inmerecida bendición llegó en el momento de recibir los derechos de progenitura familiar. Cuando llegó el momento en que Jacob, el patriarca de la familia, tuvo que pasar la bendición a la generación futura, realizó su deber de manera poco ortodoxa. Los hijos de José en cierta forma habían sido adoptados por su abuelo, así que básicamente ellos también debían formar parte de esta ceremonia. No hubiera sido tan malo si lo que pasó luego no hubiera sucedido. Justo antes de colocar sus dos manos sobre Manasés el hijo mayor, y Efraín el menor, él cruzó sus manos y procedió a pronunciar para que el derecho de primogenitura reservado para el mayor fuera otorgado al menor. Cuando José intentó deshacer lo que su padre estaba estableciendo al cruzar sus manos, Jacob lo reprendió diciéndole que él sabía lo que estaba haciendo.

> *Mas su padre no quiso, y dijo: Lo sé, hijo mío, lo sé; también él vendrá a ser un pueblo, y será también engrandecido; pero su hermano menor será más grande que él, y su descendencia formará multitud de naciones.* (Génesis 48:19)

Las implicaciones espirituales alcanzaron más distante en el futuro de lo que nadie podía imaginar. A pesar de que la dispensación de la gracia todavía estaba muy distante en el futuro, ésta demostración de gracia sería una de muchas esparcidas antes de su tiempo a través de las Escrituras. Ésta inmerecida primogenitura significaba que Efraín tendría una relación cercana y favorecida por Jehová. En otras palabras, quería decir que la gracia de Dios lo seguiría por siempre. En el futuro, cuando su tribu tuviera que enfrentar la adversidad, podría armarse de fuerza y valor con sólo mencionar su nombre: "Dios me hizo fructificar en la tierra de mi aflicción." Era el destino de su tribu fructificar sobre cualquier aflicción con la que se topara. Si ponían su fe en acción, Dios la honraría con innumerables bendiciones.

Un Recordatorio Constante

Ahora podríamos tomar la fuerza de su nombre, aplicándola cuando fuera necesario, cuando los hijos de Israel necesitaran un impulso en su fe. Una aplicación igual se puede encontrar en la vida de Josué. Él también tenía un nombre significativo que tuvo un gran impacto donde quiera que fuera. Josué quería decir, "Jehová es salvación."[13] La sola mención de su nombre siempre traería honor a Dios. Su nombre demostró ser aquel constante recordatorio, necesario para recordar que Jehová era la diferencia en su vida. Por si esto fuera poco, nos encontramos que la afiliación tribal de Josué era la tribu de Efraín. Su origen también provenía de la tribu que estaba destinada a ser fructífera pasara lo que pasara.

Mientras estaba siendo preparado para dirigir a Israel luego de la muerte de Moisés, la primera responsabilidad que se le fue entregada fue la de estar a cargo del tabernáculo.

Y hablaba Jehová a Moisés cara a cara, como habla cualquiera a su compañero. Y él volvía al campamento; pero el joven Josué hijo de Nun, su servidor, nunca se apartaba de en medio del tabernáculo. (Éxodo 33:11)

Hay algo que debe decirse acerca de pasar tiempo en la presencia del Señor. Te dará una ventaja en tus asuntos espirituales. En realidad, se trata de un principio que se puede aplicar a casi cualquier situación cuando se trata de buscar la excelencia. Dos experiencias similares me ocurrieron en mis años de adolescencia.

Dedicando Mi Tiempo

La razón por la cual tuve tanto éxito pateando una pelota de fútbol en la escuela secundaria era porque estaba dedicado a ello totalmente. Esto significaba que cuando no había cursos de verano, me podían encontrar en el gimnasio y en el campo de fútbol hasta trece horas al día. Yo había rechazado muchas oportunidades de ir con mis amigos a la playa o para sólo pasar el rato. En otras ocasiones, mientras los demás salían a pasear con las jóvenes o nomas socializando, yo elegía raramente celebrar, y entrenar duro diariamente. Pensé que había muerto he ido al cielo cuando se me permitió ser un estudiante conserje en el verano de mi tercer año de secundaria. Mi responsabilidad principal consistía en limpiar el gimnasio y el interior de las diferentes salas de ejercicios, sin mencionar la sala de pesas que olía asquerosamente mal. Yo estaba feliz como una lombriz debido a que este trabajo significaba que podía pasar en la escuela tanto tiempo como lo había hecho antes, pero ahora se me pagaría por ello. Aproveché la situación y dediqué el tiempo sabiamente, esforzándome en hacer lo mejor que podía. No es de extrañar que yo fuera capaz de establecer récords estatales que permanecerían por quince años y que atraerían mucha atención sobre mí. Las ofertas de becas vinieron de varias universidades de diferentes partes del país, y prácticamente podía elegir a donde quería ir. Por supuesto, tenía que ser una escuela con un gran programa deportivo sumado al programa académico que en ese momento me interesaba, que era la terapia física. Finalmente decidí dedicarme a mi carrera de fútbol americano universitario en la Universidad del Sur de California (USC).

La otra circunstancia en mi vida que realmente podía compararse favorablemente con la de Josué, fue el tiempo que pasé como conserje de la iglesia. Al mirar hacia atrás ahora, no sé si mi previo espíritu de conserje me ayudó o no, pero yo tenía la misma actitud. No importaba que se tratara de un trabajo despiadado sin paga alguna, yo estaba simplemente encantado porque podía hacer algo para Dios y su reino. Es posible que mis responsabilidades en la limpieza de la iglesia no fueran tan dinámicas como las que se le dieron a Josué, pero al igual que a él, me dieron un tiempo considerable para pasar en la presencia del Señor. Para hacer que el tiempo pasara de manera más eficiente, yo solía simular estar celebrando cultos, alabando y sintiendo su gloria Shekina mientras mis alabanzas subían como un grato dulce aroma. Fue en esos días iniciales, cuando yo todavía estaba intentando averiguar lo que Dios quería en mi vida, que constantemente me encontraba a solas con Él, buscando Su rostro. Al ir yo creciendo en su gracia, son muchos los que me han preguntado cómo he hecho para que florezcan con tanta fuerza los Dones del Espíritu en mi ministerio. Por lo general, sigue la pregunta: "¿Cómo puedo obtener una unción poderosa, como usted, para que los Dones del Espíritu puedan fluir libremente en mi vida?" Para mí, este siempre ha sido una pregunta fácil de responder. Aunque muchas veces los demás se han sentido desilusionados por mi respuesta, sigue siendo la única forma que conozco para llegar a ese nivel. La respuesta se puede encontrar en la Escritura a continuación:

Mi corazón ha dicho de ti: Buscad mi rostro. Tu rostro buscaré, oh Jehová; (Salmos 27:8)

Voy a exhortar a cualquiera que esté dispuesto a escuchar para que dejen de buscar Sus dones y en lugar de eso busquen Su rostro. Una vez que hayan establecido una relación personal con el Señor y sean dignos de Su confianza, las revelaciones ocultas para sus recipientes escogidos les serán reveladas. Intentarlo de otra manera no es más que dar de vueltas y hacerse ilusiones.

La Iglesia Actual

La iglesia de hoy en día haría muy bien al seguir el ejemplo de Josué. No obstante, si necesitan una cita de Nuevo Testamento para confirmar mis palabras, aquí hay una:

Yo soy la vid, vosotros los pámpanos; el que permanece en mí, y yo en él, éste lleva mucho fruto; porque separados de mí nada podéis hacer.
(San Juan 15:5)

Debido a que permanecer en Él toma una enorme cantidad de tiempo, permanecer en el mundo cristiano de hoy es un arte perdido. Nuestros esfuerzos por cumplir Su voluntad nunca Lo incluyen inicialmente, ya que nuestra fe en la tecnología nos hace parecer mejores de lo que realmente somos. Luego, cuando nuestros proyectos fracasan miserablemente, lo culpamos a Él. Si hubo alguna vez palabras que Cristo hubiera querido que recordáramos, serían aquellas en la última frase de la Escritura anterior. Debemos tener en cuenta que sin Él, nada podemos hacer.

Otra suposición falsa que solemos hacer es que si nos tomamos el tiempo para permanecer en Dios a solas, esto nos negará las aflicciones de la vida. Eso no puede estar más lejos de la verdad. Cuando Josué salió del tabernáculo, espiritualmente listo para su próxima misión, no era inmune a la crítica o al ridículo. Moisés lo había elegido a él junto con otros once para espiar la tierra de Canaán. Debería haber sido una tarea fácil, porque todo lo que se les pidió hacer era volver e informar las bendiciones que encontrarían de antemano una vez conquistada la tierra. Las cosas no ocurrieron de esta manera. La única cosa constructiva que salió de ese fiasco fue la influencia divina que Josué tuvo sobre Caleb. Este judío convertido fue el único que lo respaldó cuando el resto de los espías se le opusieron. El pecado de Josué, según ellos, era el hecho de que él creía que Dios era lo suficientemente poderoso para vencer a los gigantes en la tierra. Por esta muestra de fe, los espías querían matarlo a pedradas.

Regocijándose en Su Aflicción

Los gigantes de la tierra no asustaban a Josué porque su tribu se regocijaba en su aflicción, que era exactamente donde el fruto se encontraba. Si únicamente hubiese tenido que enfrentarse con aflicciones físicas, su vida hubiera sido más fácil. Pero lo cierto es que si has de considerarte doblemente fructífero, entonces, tan seguro como que has nacido, satanás te atacará con el doble de las aflicciones. Ahí es donde las aflicciones de la mente entran. Es extremadamente difícil completar tu misión cuando recibes el rechazo cuando estás en lo correcto. Ya es bastante malo tener que lidiar con el rechazo cuando estás equivocado pero tener enfrentarte con ello cuando tienes la razón hiere profundamente y duele aún más. Como dagas, estas aflicciones vienen de todas las direcciones con tal intensidad que son difíciles de combatir emocionalmente. Es posible que tengas que enfrentarlas sólo con tu integridad para respaldarte. Si esto ocurre, será suficiente.

Júzgame, oh Jehová, porque yo en mi integridad he andado; He confiado asimismo en Jehová sin titubear.
(Salmos 26:1)

Una decisión definitiva debe tomarse para aferrarse con fuerza al Señor, confiando en Él para no perder tu integridad. Una vez que la integridad se pierde, nunca puede ser recuperada y tus logros se reducen a nada.

Dios juzgó a Israel por su desobediencia, y se vieron obligados entonces a vagar por el desierto hasta que todas las personas rebeldes e incrédulas hubieran muerto. Después de cuarenta años de aflicción, Moisés murió y Josué fue colocado como el nuevo líder. Había llegado el momento de poner las cosas en orden mediante la restauración de los patrimonios tribales. Hubo una nueva generación de hebreos quienes no sabían lo que significaban sus tribus, por lo que Josué y Caleb serían el único remanente que tendrían para buscar dirección.

Edificando la Fe en Jericó

Si iban a tener éxito en este propósito, su fe tenía que ser edificada, lo cual significaba que la conquista de la tierra de Canaán se iniciaría en Jericó. No podrían haber tenido una tarea más difícil debido a que los habitantes de Jericó eran guerreros expertos, con experiencia en el arte de la guerra. Para la conquista de Jericó fuera algo más difícil, sus murallas fortificadas eran impenetrables. La historia nos dice que los muros eran por lo menos doce a diecisiete pies de alto y de aproximadamente cinco pies de ancho.[14]

Lo primero que se debía hacer era infundir orgullo en sus nuevos reclutas enseñándoles el significado de Efraín. "Doblemente fructíferos" se convertiría en su mantra diario. La extensión de la bendición podría hallar su camino a través de las aflicciones más graves que se les pediría soportar. Todo carecía de significado si no estaban dispuestos a poner su fe a trabajar. Ese momento llegó cuando sus órdenes de marcha incluyeron algunas absurdas que no tenía en absoluto ningún sentido. Se les dijo que marcharan alrededor de las murallas de la ciudad una vez al día durante seis días, en completo silencio. En el séptimo día debían hacerlo siete veces. Tras esto, los sacerdotes deberían abrirse paso hacia el frente, y cuando Josué diera la orden, al unísono harían sonar sus trompetas. Cuando el ejército oyera el sonido de estos instrumentos, un grito de victoria se debería dar antes del hecho. Era el grito de alabanza lo que derribó los muros impenetrables de Jericó.

Sólo un tonto creería que una de las mayores ciudades fortificadas en el mundo podría ser destruida sin mover un dedo.

Entonces Jesús, mirándolos, dijo: Para los hombres es imposible, mas para Dios, no; porque todas las cosas son posibles para Dios. (San Marcos 10:27)

¿Acaso es de extrañar que el Señor declarara en otra ocasión que si no nos volvíamos como niños, no podríamos entrar en el reino de los cielos? Se necesita una fe de niño para confiar en Dios para lo imposible. Con la destrucción de las paredes saltando a la vista, estos nuevos guerreros israelíes sin experiencia encontraron que su fe y su moral iban aumentando hasta alcanzar proporciones gigantescas. Si Dios podía aniquilar a su enemigo más temido con tanta facilidad, ¿te imaginas lo que podía hacer con el resto de sus enemigos en Canaán? El ataque para conquistar la tierra de Canaán continuó hasta que llegó la hora de dividir la herencia entre las diferentes tribus.

Un Viejo Loco

Fue en este punto en las Escrituras cuando Caleb volvió a entrar en el cuadro. Él suplicó con emoción a Josué que le diera Hebrón, la tierra de los gigantes.

Todavía estoy tan fuerte como el día que Moisés me envió; cual era mi fuerza entonces, tal es ahora mi fuerza para la guerra, y para salir y para entrar. Dame, pues, ahora este monte, del cual habló Jehová aquel día; porque tú oíste en aquel día que los anaceos están allí, y que hay ciudades grandes y fortificadas. Quizá Jehová estará conmigo, y los echaré, como Jehová ha dicho. (Josué 14:11-12)

¡Qué atrevimiento! No sólo tenía ahora ochenta y cinco años de edad y ya era muy mayor, parecía que también vivía en el pasado. Tendría que habérsele considerado completamente delirante si honestamente él creía sus propias palabras. Para agregar insulto a la injuria, ni siquiera era un nacido judío. Sólo a través de consideraciones especiales de la palabra, que permitían a un gentil convertirse en un seguidor de Jehová, era capaz de tener algo que ver con la nación judía. Una vez circuncidado, él podía escoger, es decir, que tenía la opción de elegir a cualquiera de las tribus de Israel que le más le acomodara. Terminó estableciéndose en la tribu de Judá, que era famosa por su alabanza a Dios. Posteriormente, esta decisión demostró ser una gran elección debido a que tuvo que hacer uso de esta fama para ayudarlo a salir de una situación imposible. En verdad, su valor vino de Josué mismo. Fue la valentía de Josué en tiempos de aflicción que contagió a éste hebreo injertado que creía en su Dios recién descubierto para lo imposible. Si iba a lograr obtener la herencia que pedía, tendría que conseguirlo de la misma manera que Efraín obtuvo su primogenitura, con la bendición inmerecida. Considerando que no había nacido en el pueblo prometido de Dios, el Señor eligió a Caleb de todas formas, incluso antes de que él supiera que había un Dios con el nombre de Jehová. El hecho de que Dios lo escogiera de antemano hizo la gran diferencia. Esto significaba que la gracia había caído sobre él y que estaba destinado a fructificar. ¿No es esa la manera en que sucedió con nosotros?

No me elegisteis vosotros a mí, sino que yo os elegí a vosotros, y os he puesto para que vayáis y llevéis fruto, y vuestro fruto permanezca; para que todo lo que pidiereis al Padre en mi nombre, él os lo dé.
(San Juan 15:16)

Hoy en día formamos parte de éste reino de Dios, al haber sido injertados por Su gracia, y nuestro destino también es el de fructificar.

¿Verdadero o Falso?

Al tomarnos un poco de tiempo para revisar la declaración ponderada de Caleb, encontramos que es a la vez verdadera y falsa. Era falsa en el sentido de que, en realidad, físicamente su cuerpo no tenía la misma fuerza que cuarenta y cinco años atrás. Lo cierto sobre su declaración es el hecho de que la fuente de su fuerza no había cambiado. Su elección acertada en la elección de la tribu de Judá le permitió el lujo de convertirse en un gran hombre de alabanza y un excelente adorador de Jehová. Es ahí donde sacó su fuerza.

Caleb había avanzado mucho desde aquellos primeros días de espiar a Canaán. Lo que le había ayudado a convertirse en un gran hombre de Dios era el hecho de que él estaba dispuesto a incorporar las fortalezas de la tribu de Efraín con la fuerza de la tribu de Judá. Sabía desde el principio que esto iba a rendir su fruto, tanto en los tiempos buenos como en los tiempos malos, y que la peor de las aflicciones nunca impediría las ventanas del cielo para bendecir su vida. Sabiendo esto, alababa todo el día a Dios. Esto resultó ser una receta de desastre para los odiados hijos de Anac. Su estatura gigantesca no intimidaba a este hombre de Dios, y sabiendo que su mayor arma había sido desactivada no eran competencia para Caleb y sus valientes guerreros. Creo que David lo tenía en su mente cuando se sentó un día a escribir esto en uno de sus Salmos:

Invocaré a Jehová, quien es digno de ser alabado, Y seré salvo de mis enemigos. (Salmos 18:3)

Alabar a Dios en la tierra de tu aflicción siempre derrotará a los gigantes de tu vida.

Una Gran Lección que Debemos Aprender

La lección más grande que debemos aprender de las experiencias de estos dos grandes hombres de Dios es que en momentos de gran aflicción, Dios no borra sus promesas de fructificación. Demasiados cristianos de hoy en día viven sus vidas en un estado de indecisión entre dos alternativas. Con esto quiero decir que sus vidas están ya sea en un lugar de bendición o en uno de aflicción total. No dejan espacio para que las bendiciones de Dios caigan sobre ellos al mismo tiempo que las aflicciones de la vida los aplastan. Nuestra vida en Dios no debe ser percibida como una experiencia de altibajos. Más bien deberíamos ver que la bendición y la aflicción se llevan a cabo simultáneamente, lado a lado. Otra cosa que hay que tener en cuenta es el hecho de que nuestras bendiciones no dependen exclusivamente de la soberanía de Dios. Hemos decidido esperar por Dios hasta el extremo, cuando Su gracia a veces viaja a paso de tortuga. No debemos tener miedo de tomar la iniciativa para hacer realidad Sus promesas. Esa es la razón por la que Dios ha establecido nuestro sacrificio de alabanza como un instrumento que podemos utilizar para asegurar una respuesta.

Así que, ofrezcamos siempre a Dios, por medio de él, sacrificio de alabanza, es decir, fruto de labios que confiesan Su nombre. (Hebreos 13:15)

Al ofrecer continuamente un sacrificio de alabanza a Dios, podremos darnos cuenta de que Dios nos está permitiendo participar de la bendición tal como Él ha prometido.

Todo se reduce una vez más a nuestra actitud. Sé que esto ha sido mencionado en capítulos anteriores. Sin embargo, vale la pena repetirlo debido a la importancia que tiene para que podamos recibir lo mejor que Dios tiene para ofrecernos. No seas testarudo como Naamán. Cuando su criado regresó con instrucciones del hombre de Dios sobre cómo iba a obtener su sanidad, Naamán se ofendió por lo que oyó. ¿Era realmente tan difícil bañarse en el río Jordán? Sí, sí, ya sé que era el río más sucio de la tierra. Pero, por otra parte, si era la única manera de librarse de su terrible lepra, humillándose para lograrlo iba a ser su tarea más difícil. Si humillarnos para ser bendecidos por Dios es lo único que nos detiene para ser libres, creo que deberíamos reconsiderar nuestra posición. Si necesitas cualquier tipo de impulso o inspiración, mira este Salmo:

Desde el nacimiento del sol hasta donde se pone, Sea alabado el nombre de Jehová. (Salmos 113:3)

A lo largo de la historia y del tiempo, nadie parece saber quién escribió este Salmo en particular. ¡Bien podrías haber sido tú! Que este Salmo se vuela en un factor de motivación personal, uno que se convierta en un canto diario que te ayude a aceptar y a disfrutar del fruto, sobre todo en tu tierra de aflicción. Si esto no es suficiente, entonces toma en serio la definición de Efraín y deja que penetre hasta lo más profundo de tu alma. Comenzarás a creer en Dios para lo imposible en los tiempos difíciles, y si tienes éxito en esta tarea, siempre habrá fruto en la tierra de tu aflicción.

CAPÍTULO 7

La Ternura de la Mujer

Antes sed benignos unos con otros, misericordiosos [tiernos], perdonándoos unos a otros, como Dios también os perdonó a vosotros en Cristo.

(Efesios 4:32)

En todos los libros que he escrito en el pasado (este es el cuarto), ha habido por lo menos un capítulo titulado de tal manera que daba la impresión de que se había alejado del tema. Muchos lectores han quedado algo perplejos cuando al hojear el índice, han encontrado un título que parece que estuviese fuera de lugar. Han llegado a dicho capítulo en éste libro. Si ustedes son como muchas personas que tratan de averiguar de antemano en qué dirección va a escribir un autor, entonces tristemente se decepcionarán cuando no resulte nada parecido a lo que pensaban.

Sería fácil asumir que las palabras perdonar y/o perdón serían el tema central del capítulo. En cierto modo es así, y de otras formas no lo es. Corazón tierno es la frase clave de este capítulo. A medida que me acompañen en este viaje al principio tendrán problemas con lo que expreso, especialmente si eres mujer. No les gustará lo que he escrito, creyendo que mi punto de vista es machista. Reitero que cuando el Señor inicialmente me dio este mensaje, no fue con la intención de criticar a las mujeres. El Señor lo puso en mi corazón para que pueda ser utilizado como una advertencia a las mujeres de esta generación que han perdido su ternura, una que fue colocada allí en el principio por Dios mismo. ¿Qué tiene que ver esa pérdida con un libro centrado en las aflicciones? ¡Están a punto de descubrirlo! Permítanme hacer una digresión y darle algunas definiciones que les ayudarán a establecer las bases de esta pequeña charla. Quien escribió el diccionario (Webster) se tomó mucho tiempo para dejar un buen número de definiciones de la palabra tierno. Se puede encontrar escrita como adjetivo, sustantivo, verbo y tiene por lo menos un total de treinta definiciones. [15]

Ser tierno puede ser una fortaleza en tu vida, o puede llegar a ser una gran debilidad. Debido a que todas las definiciones no se aplican a este tema, he elegido las siguientes para establecer un punto. Del lado positivo, una persona tierna es alguien que es amable y considerado. Son sensibles al tacto o a las palpitaciones.[16] Aunque esta palabra no cae en la categoría de uno del fruto del Espíritu, seguramente podría haber calificado. A medida que las personas demuestran tiernamente tener consideración, cuidado y cariño por los demás, están esencialmente siguiendo la regla de oro. Liderando el camino, en la posición de ventaja, la regla de oro se encuentra muy por encima de muchos otros famosos mandamientos de Dios (es decir, los Diez Mandamientos). Se enfrentará cara a cara con la hipocresía, cortándola de raíz, y será usada como un indicador para medir nuestras intenciones.

> *Así que, todas las cosas que queráis que los hombres hagan con vosotros, así también haced vosotros con ellos; porque esto es la ley y los profetas.*
>
> (San Mateo 7:12)

Asimismo, una persona de corazón tierno es sensible a la voz de Dios. El latido del corazón de Dios se convierte en su latido y es mucho más fácil seguir Sus instrucciones debido a su relación íntima con el Maestro.

Una Definición Mal Interpretada

A pesar de que la primera parte de la definición suena tan maravillosa, un mundo totalmente diferente se abre cuando se acepta la definición más pesimista de ternura, creyendo que es la única manera en que debe ser percibida. La segunda parte de la definición establece tierno como ser físicamente débil e inmaduro. Esta persona tierna no sería capaz de soportar adversidades (vea Capítulo 4) y sería muy susceptible a las emociones, especialmente las dañinas. Luego pasa a definir tierno como muy sensible a las lesiones o insultos, llegando a ser delicado.[17] Como pueden ver, estas definiciones indeseables son más perjudiciales para el carácter de una persona que lo que las definiciones positivas pueden ser beneficiosas.

En las generaciones pasadas, la ternura era considerada como una característica intuitiva en la mujer. Su forma de ser tierna y amable brotaba naturalmente, lo que nos permite concluir que Dios colocó esta característica en ellas para distinguir al hombre de la mujer. He escrito intencionalmente que este orden de ideas era lo aceptado en las generaciones pasadas, ya que hoy en día ya no es el statu quo. Hay muchos motivos para este cambio de paradigma, pero yo creo que el motivo de este trastorno de mentalidad entre nuestras mujeres se debe a los abusos que han tenido que soportar por causa de los hombres en su vida. Las aflicciones han sido demasiadas y muy grandes.

Es cierto que en el principio Dios otorgó al hombre autoridad sobre toda la Tierra. Esta licencia para gobernar incluía a su futura esposa y a su familia. Lamentablemente, nosotros como humanidad no hemos hecho tan buen trabajo con la autoridad puesta en nuestras manos. Ha sido mucho más fácil ser exigentes con nuestras familias, especialmente con nuestras mujeres, y no someternos a la misma norma. Cuando hemos tenido dificultades en el pasado, (la humanidad) nos hemos escondido detrás de la palabra de Dios de una manera vergonzosa, citando erróneamente y mal interpretando las Escrituras para que pudieran ser manipuladas para nuestro provecho. Estos abusos (mentales, físicos, emocionales y verbales) han sido tan perjudiciales que la psiquis de nuestras mujeres ha sufrido un daño irreparable. Ellas ya no están dispuestas a quedarse calladamente en desesperación, esperando que el siguiente abuso deje su huella. Con la ayuda de un cambio radical en nuestra sociedad allá por los años 90, la mujer cristiana decidió luchar del mismo modo en que lo hace una mujer que no conoce a Dios.

Una Agenda Oculta

Cuando el movimiento de liberación femenina comenzó allá por los años 70, honestamente nadie hubiera podido predecir cómo nuestras familias iban a ser afectadas en el futuro. Bajo el disfraz de "la igualdad de pago por igualdad de trabajo", le tomó a la agenda oculta años el salir finalmente a la luz. Lo que comenzó como una manera lógica, sensata e inofensiva para equilibrar las desigualdades entre hombres y mujeres resultó ser el comienzo de nuestra caída en este país. Aunque la experiencia que estoy a punto de escribir no tiene nada que ver con el conflicto entre el hombre y la mujer, amplía el alcance de los efectos adversos que este cambio de mentalidad ha tenido no sólo en nuestra sociedad, sino también en las generaciones futuras.

Tenía algo de tiempo libre y caminé por la calle hasta el parque cerca de nuestra casa. El equipo de chicas de softbol estaba jugando, y así fueran niños o niñas, si se trata de una buena competencia me gusta observar. Mientras estaba parado detrás del cátcher observando el talento de la joven que estaba lanzando ese día, la voz del Señor me indicó que me fijara en la joven al bate. En un principio, al intentar averiguar qué lección estaba tratando de enseñarme el Señor, Me estaba pasando completamente por apercibido. Empecé a estudiar sus movimientos más de cerca y me percaté que estaba imitando en su juego muchos de los rituales que había visto hacer a sus equivalentes masculinos. La forma en que movió su bate, hundió los zapatos en la tierra, y escupió al salir de la caja de bateo, todo era muy varonil y poco femenino. Aprendí ese día que, El jugar deportes para las jóvenes no es necesariamente un pecado, si no se tiene cuidado en las actitudes y gestos de ese deporte, estas jóvenes caerán en la trampa de "hacerlo como los chicos", y en el proceso pierden su femineidad también.

Desde el principio de los tiempos, el Señor no ha variado Su exigencia de una distinción entre el varón y la mujer. Él no tolerará que se rompa esta ley en Su reino, ya sea en el vestir o acciones. Podía ser calificado como una abominación (Deuteronomio 22:5). ¿Por qué querríamos ser encontrados culpables de hacer algo que el Señor aborrece? El hecho de que ésta práctica se haya vuelto muy común en nuestra sociedad no la hace correcta. Lo que lo hace aún más preocupante es el hecho de que este mismo espíritu se ha infiltrado en la iglesia, y las repercusiones espirituales son aquellas por las que vamos a ser fuertemente juzgados. Ahora, volviendo al tema de la ternura de la mujer, veamos cómo su importancia ha sido desechada, siendo reemplazada por algo en la vida de las mujeres que en última instancia resultaría ser desastroso.

¿El Lado Femenino De Dios?

En el principio, Dios puso ternura en la mujer, ya que era una parte de Él que quería compartir con toda la humanidad. Por lo que dice la Biblia, podemos ver que el Señor siempre ha demostrado su misericordia, ya que se menciona en Su palabra 282 veces. Lo que hace que Su misericordia sea aún más eficaz es el hecho de que la palabra piedad se describe doce veces más como "misericordia tierna" (según la Versión Bíblica de King James KJV). Se podría decir que Sus misericordias no son otra cosa más que su lado suave (¿su lado femenino?). Desde el principio ha sido sensible, comprensivo, cálido y amoroso. En otras palabras, ¡Él es todo lo que el hombre natural no es! Puse signo de interrogación en las palabras lado femenino porque a la mayoría de los hombres que leen esto les cuesta creer que su Dios es amable en cualquier manera. Dependiendo de la cultura, los varones por lo general han tratado de suprimir estas características gentiles de Dios en sus vidas, porque no quieren ver a Jesús como manso, humilde, o amable. Esas cosas afeminadas deberían reservarse única y exclusivamente para las mujeres, porque de acuerdo con las Escrituras ellas (las mujeres), no nosotros, son el vaso más frágil. Con semejante mentalidad, ¿acaso es de extrañar qué nuestras oraciones estén teniendo tantos estorbos?

> *Vosotros, maridos, igualmente, vivid con ellas sabiamente, dando honor a la mujer como a vaso más frágil, y como a coherederas de la gracia de la vida, para que vuestras oraciones no tengan estorbo.*
> (1 Pedro 3:7)

Si el lado tierno de Dios es tan vital para tener éxito en éste mundo, entonces ¿por qué no fue puesto en el varón desde un principio? Si Cristo ha demostrado ese rasgo en particular a través de toda la eternidad, entonces ¿dónde está ahora? Dios en su infinita sabiduría sabía que en el futuro Su creación, el hombre, no aceptaría de buena gana el lado tierno de Dios, así que tomó la segunda mejor opción. Hizo que Adán se quedara dormido, le abrió el costado, tomando una costilla y con ella la ternura, y luego la colocó en la mujer. Fue creada por necesidad porque Adán necesitaba quién le ayudase en todo lo que estaba haciendo en el Jardín de Edén, alguien que fuese comparable con él (Génesis 2:18). La palabra comparable en las Escrituras significa literalmente contraparte – una persona que completa a otra.[18] Ella no fue creada como los animales (es decir, de la tierra), ella fue creada directamente de una costilla del pecho de Adán.

> *Entonces Jehová Dios hizo caer sueño profundo sobre Adán, y mientras éste dormía, tomó una de sus costillas, y cerró la carne en su lugar. Y de la costilla que Jehová Dios tomó del hombre, hizo una mujer, y la trajo al hombre. Dijo entonces Adán: Esto es ahora hueso de mis huesos y carne de mi carne; ésta será llamada Varona, porque del varón fue tomada.*
> (Génesis 2:21-23)

Todas las características tiernas en Dios que ayudaron a formar su plenitud fueron sacadas de Adán y colocadas en su esposa. Cuando Dios terminó el proceso de la creación, Él hizo algo de lo que muy pocas personas son conscientes. Él tomó sus cualidades dominantes y las colocó en el hombre (poder, autoridad, unción, etc.) A continuación, las mezcló con sus cualidades sensibles (paciencia, amabilidad, bondad, etc.) para formar la totalidad de Dios en la tierra. Cuando vio que todo era bueno, Él decidió nombrar a ambos, Adán.

> *Varón y hembra los creó; y los bendijo, y llamó el nombre de ellos Adán, el día en que fueron creados.*
> (Génesis 5:2)

El Plan original de Dios

El plan original de la creación, después de que la mujer fue formada, era que el hombre y la mujer gobernarían juntos por igual. Darles el mismo nombre le facilitaría a Adán el aceptar a la mujer que Dios le había dado para ser su contraparte, sin embargo, a ella se le dio un conjunto diferente de características que probarían su valía aquí en la tierra. No fue sino hasta que Adán II (la mujer) pecó que Dios la colocó bajo la autoridad de su esposo.

> *A la mujer dijo: Multiplicaré en gran manera los dolores en tus preñeces; con dolor darás a luz los hijos; y tu deseo será para tu marido, y él se enseñoreará de ti.* (Génesis 3:16)

Luego de que fuesen juzgados y expulsados del Jardín del Edén, Adán fue quien le puso a la mujer el nombre que todos reconocemos, Eva.

> *Y llamó Adán el nombre de su mujer, Eva, por cuanto ella era madre de todos los vivientes.* (Génesis 3:20)

Ahora queda más claro por qué hay tanta hostilidad en las esposas cuando se les dice que deben someterse a la autoridad de sus maridos. La sentencia, al igual que una sentencia de cárcel, no es una experiencia placentera. Un recluso tiene pocos derechos, si acaso los tuviese, y generalmente se le trata sin mucho respeto. Sus opiniones no tienen peso, y en el mejor de los casos son tratados como ciudadanos de segunda clase. Las quejas con respecto a este tipo de trato hacia las mujeres se han prolongado durante tanto tiempo que finalmente este maltrato ha causado que nuestras mujeres reaccionen de mala manera. En esto radica el problema.

Cuando el plan de la creación comenzó a desarrollarse, la intención de Dios era que la mujer fuese una parte integral de la expansión de Su gloria más allá de sus vidas. Con el hombre haciéndose cargo autoritariamente de las adversidades de la vida, y sumado a la mujer que tiernamente se convertiría en aquella voz tranquilizadora, juntos podrían proporcionar al mundo un ejemplo perfecto de quién era Dios.

Una Decisión Que Se Fue Por Mal Camino

Con el paso del tiempo, la ventaja de la mujer en ésta área se fue disminuyendo poco a poco. La ternura de Dios que había sido puesta en la mujer no significaba nada para ella porque todo lo que le trajo fue un gran dolor. Al tratar de remediar la situación y lograr la igualdad entre los sexos, las mujeres tomaron una decisión que a la larga resultó ser destructiva. Estas confrontaciones con el sexo opuesto se pelearían en su territorio (el de las mujeres), es decir, su elección de estrategias de batalla serían similares a las de sus contrapartes masculinos. En otras palabras, ellas pelearían como hombres. Esto no sería un problema, debido a que a lo largo de las recientes generaciones las mujeres han comenzado a imitar a los hombres en otros lugares de la vida. Ya he mencionado anteriormente una de las áreas "imitadas" por nuestras mujeres, el mundo de los deportes. Es triste decirlo, pero no ha quedado ahí. Esta mentalidad se ha infiltrado en las áreas de negocios, educación, el ejército, e incluso la religión. La presa se ha roto y no hay vuelta atrás.

¿Lo que he escrito es realmente tan horrible como lo he hecho parecer? La mayoría diría que mis opiniones se inclinan hacia lo intolerante y dogmático, pero no me ofendería que tomasen esa postura ¿Y qué si nuestras jóvenes estén asumiendo características masculinas en el mundo del deporte? No tiene gran importancia. En cuanto a negocios se refiere, hay ocasiones en que la maestría de una mujer en los negocios supera por mucho a la de los hombres. Muchos dirían que no tiene nada de malo si las mujeres toman el campo de batalla en el ejército también. Si eso es lo que quieren, más poder para ellas. En la religión, en lo que se refiere a una mujer que toma un púlpito, cualquiera que le negase ese derecho realmente no estaría en armonía con Dios y las Escrituras. Pero alguien debe ser capaz de ver más allá de las decisiones autocomplacientes que las mujeres han tomado y que revocan la voluntad de Dios para las generaciones que siguen nuestros pasos.

Una Triple Pérdida

Permítanme tomar al toro por los cuernos e ir directo al grano para aclarar esto. Las pérdidas que ocurrirán si se les permite a las mujeres continuar por el camino que han elegido, se irán desarrollando en tres áreas diferentes. En primer lugar, cuando una mujer decide abandonar su tierno lado femenino para luchar sus batallas como un hombre, la primera víctima de esta confrontación es el hombre mismo. ¿Dónde más podría un hombre encontrar los atributos tiernos como los otorgados a la mujer? Si ella abandona esos atributos por completo, él tendrá que asumir que debido a que fue creado a imagen y semejanza de Dios, entonces el Señor lo trataría de la misma forma con que Él trata a los demás, por lo general muy duramente. ¿Cuántas veces una mujer ha sido capaz de calmar a su marido con palabras de consuelo, reconfortantes, suaves y relajantes? Imaginen que un hombre acuda a su esposa, y al no ser ella su contra balance, le aconseje que reaccione de la manera en que ella lo haría (sin ternura). Su consejo siempre estaría sesgado hacia el lado duro de la vida y nunca podría tener el mismo éxito sin un punto de vista diferente. Eso es lo que ha comenzado a suceder en nuestros hogares hoy en día.

La segunda pérdida involucraría a la mujer en sí misma. Renunciar a su propósito en la vida sería más perjudicial de lo que se pueda considerar a simple vista. Podría imaginarme que la etiqueta de "héroe desconocido" en la mujer sólo llega hasta cierto punto. Cuando eres subestimada, menospreciada, y descuidada, se hace muy difícil de creer que el propósito de tu vida tiene valor alguno. Las mujeres no deben olvidar que Dios las puso en esta posición, porque en muchos aspectos son más fuertes que su pareja. ¿Acaso no es la madre a quien Dios suele encargar interceder por los hijos rebeldes? ¿No fue a la mujer a quien Dios escogió para la maternidad, sabiendo que de ninguna manera en el mundo un hombre sería capaz de soportar semejante dolor? El trato desfavorable y las grandes aflicciones no han sido puestos en la vida de una mujer para destruirla (aunque al enemigo le gustaría hacerle creer eso). Como Dios demostró tener confianza en Job cuando Él se jactó de Su siervo ante el diablo, de igual manera el Señor confía que la mujer no le defraudará. Presumir sobre su creación femenina es el deleite de Dios. En esencia, Dios sabe que una mujer tiene la capacidad de soportar las más grandes adversidades que la vida pueda presentar.

La pérdida final, la mayor pérdida de todas, incluiría a nuestros hijos. Ellos han sido puestos a nuestro cuidado para poder moldear sus vidas como barro moldeable de una manera agradable para Dios. Es triste decirlo, pero más que otras generaciones en el pasado, esta ha crecido en medio de la confusión. Están confundidos en el sentido de que ya no hay una distinción clara entre el hombre y la mujer. A pesar de que sus padres se visten algo diferente, no es el tipo de distinción que necesitan para tranquilizar su mente. Esto sucede especialmente en los hogares monoparentales donde la madre es la única presencia paterna. Debido a que se ve obligada a jugar un doble papel, el rol de autoridad del hombre sale a relucir con mayor frecuencia y el lado tierno de mamá se pone en un segundo plano. El resultado es que el niño no tiene quien interceda para consolarlo cuando mamá ha sido severa, y si esto sucede continuamente, él crecerá odiando a las mujeres en general, y cuando llegue el momento de encontrar a alguien a quien amar, buscará una pareja de su propio sexo.

¿Puedo profundizar un poco más en esto? Sé que es posible para una madre criar sola a sus hijos, sin la ayuda de un hombre en la casa y a pesar de esto, formar hijos equilibrados. Si este es el caso, la dedicación de una madre a su Dios debe ser primordial. Mientras ella busca el rostro del Señor, debe hacerlo con la tenacidad de un hombre pero con la ternura de una mujer. Su vida de oración debe ser la prioridad en las funciones cotidianas de la vida, y de esta forma ella obtendrá la sabiduría necesaria para guiar a sus hijos por el camino correcto. He escrito estas palabras por experiencia personal.

Mi mamá era una de aquellas mujeres. Su madre le transmitió aquella dedicación a la oración (vea capítulo 4). Y a pesar de haber estado fuera de la iglesia cuando finalmente se divorció de mi padre, el ejemplo que mi abuela le dio en los últimos años nunca fue olvidado.

Instruye al niño en su camino, Y aun cuando fuere viejo no se apartará de él. (Proverbios 22:6)

Ella nunca eligió estar en esta posición de autoridad, pero fue por necesidad que se ajustó el cinturón, invocó el nombre del Señor y se preparó para el viaje de su vida. Al atravesar por todas las situaciones adversas con las que se topó, sin importar que tan severas se tornaran las aflicciones, ella nunca dejó de lado ni una vez su forma de ser tierna y amorosa. Con la ayuda de Dios, y ninguna de mi padre, ella fue capaz de ponerse al día y equilibrar las cosas. Se podía ver el orgullo en su cara cada vez que decía que sus tres hijos habían entregado sus vidas a Cristo.

Las Cosas Sólo Irán Empeorando

Volviendo a las pérdidas que hay que soportar mientras que la cadena de mando se vuelve cada vez más confusa. ¡Sólo empeoran! Lee conmigo la fea advertencia que el apóstol Pablo dejó a Timoteo mientras profetizaba un futuro sombrío:

Porque habrá hombres amadores de sí mismos, avaros, vanagloriosos, soberbios, blasfemos, desobedientes a los padres, ingratos, impíos, sin afecto natural, implacables, calumniadores, intemperantes, crueles, aborrecedores de lo bueno, traidores, impetuosos, infatuados, amadores de los deleites más que de Dios, que tendrán apariencia de piedad, pero negarán la eficacia de ella; a éstos evita. Porque de éstos son los que se meten en las casas y llevan cautivas a las mujercillas cargadas de pecados, arrastradas por diversas concupiscencias. Estas siempre están aprendiendo, y nunca pueden llegar al conocimiento de la verdad.

(2 Timoteo 3:2-7)

Haría falta más de un capítulo para hacer justicia al explicar esta porción de la Escritura, pero puedo decirles esto. Los adjetivos indeseables, perjudiciales y pesimistas utilizados para describir una generación futura son sin duda los que se pueden aplicar a los días en los que vivimos hoy en día. Lo que lo hace más deprimente aún es el hecho que es gente de la iglesia de quienes estamos hablando, *que tendrán apariencia de piedad, pero negarán la eficacia de ella* (vs 5). Es una generación que ha sido criada sin ternura alguna, y el resultado es un mundo enloquecido. Es una generación a la cual es muy difícil de alcanzar, ya que se les ha enseñado que la ternura es una debilidad, y si eso fuese así, no necesitan ese tipo de Dios. Si tienen la suerte de encontrar el camino a la salvación, la imagen de Cristo que debe ser la meta de todo cristiano estará sin duda fuera de su alcance, porque no habrá ejemplo en sus vidas con aquellas características de Cristo, tan importantes en la vida por Él. Ellos en principio podrían ser salvos, pero nunca abrazarán la vida cristiana. Esa es la razón por la que el apóstol nos advierte con firmeza en el versículo cinco: *a éstos evita.*

La Escritura citada al principio de este título se dirige a los hombres. Sería absurdo creer que la admonición de Pablo estuviera dirigiéndose a las mujeres cuando por naturaleza ya son de corazón tierno. Fue un llamado a la unidad de cierta manera, tratando de unir entre mismos a los Efesios, utilizando uno de los medios más formidables conocidos en la Escritura, el perdón. En la mente de Pablo, esto era posible, primero que nada porque podría reflejarse en el perdón que Cristo les había otorgado. Pero más aún, en el día a día el hombre podría usar a las mujeres en su vida como un ejemplo de cómo esto también podría ser incluido en su vida. Si al perdón le fuera dada la oportunidad para conseguir esa unidad, el apóstol Pablo comprendió que tendría que venir a través de un corazón tierno.

Una Triste Admisión

Hoy en día, es triste decirlo, las mujeres deben ser incluidas en la amonestación del apóstol en Efesios capítulo 4. Esperemos que no sea demasiado tarde para revertir el daño que ya está hecho. Ya sea para el hombre o la mujer, el único punto de referencia que queda en cuanto a lo que ternura se refiere, es el perdón que Dios les otorgó cuando fueron salvos. Sus tiernas misericordias son más que suficientes para traer la salvación a sus vidas que sin duda eran indignas. Si las mujeres pudiesen acoger la ternura de Dios una vez más, el futuro aparece brillante. Si cada uno tomara su lugar en el orden de Dios y regresara a su plan original en el que Adán y Eva eran una sola carne, entonces Dios podría dar rienda suelta a su gloria bendiciendo a su pueblo. La plenitud de Dios reinaba en esa época, ¿por qué no es posible eso ahora? Espiritualmente hablando, podemos llegar a ser Adán y Adán II para dejar a nuestros hijos y a un mundo perdido una presentación de Dios sobre la forma en que debería ver sido. Todo lo que tomará es encontrar la ternura perdida y permitir que Dios se encargue del resto.

CAPITULO 8

El Oyó mi Clamor

En mi angustia invoqué a Jehová, Y clamé a mi Dios; El oyó mi voz desde su templo, Y mi clamor llegó a sus oídos. (2 Samuel 22:7)

Pedir ayuda es algo que a la mayoría de nosotros no nos gusta hacer, ya que nos hace sentir incómodos, o simplemente no estamos acostumbrados. Cuando la desesperación se fija en nuestro interior y el pedir ayuda se convierte en un clamor, nos hallamos en aguas desconocidas. Cuando un llanto literalmente se convierte en parte de nuestra petición, es entonces que sentimos que nuestra vida se está desmoronando. Aunque las mujeres son más propensas a utilizar el llanto como una forma de hacer frente a su angustia, muchas veces por vergüenza se van a llorar a solas. No les gusta ser vistas teniendo tal muestra de emoción en público. Por otro lado, los hombres son incluso peores. El mostrar cualquier tipo de emoción en público es causa para que su "tarjeta de hombre" les sea revocada. A medida que el orgullo se manifiesta, casi nunca se puede sorprender a un hombre llorando delante de los demás.

¿Qué es lo que realmente significa clamar? No es nada más que llorar a gritos para llamar la atención, gritando con todas las fuerzas.[19] Cuando la desesperación comienza a acumularse, por lo general involucra lágrimas. Creo que clamar se utiliza como último recurso, ya que gritar suele reservarse para situaciones indeseables como discutir o pelear. Podemos incluir el uso de gritar cuando estamos en desacuerdo o nos burlamos de los demás. El consenso es, pues, que el uso de gritos se hace necesario cuando surge una situación en la se pierden las riendas, y como resultado se ha perdido el control. Debido a que contiene tanta energía negativa, es difícil creer que se pueda utilizar para algo bueno.

Como Percibe Dios el Clamar

El Señor tiene un punto de vista tan distinto al nuestro, que ante Sus ojos, clamar nos beneficiará enormemente. En primer lugar, es una experiencia humillante. Ser humillados en cualquier forma va en contra de nuestra naturaleza, sin embargo, humillarse uno mismo nos abre la puerta a las bendiciones del reino de Dios.

Humillaos delante del Señor, y él os exaltará.
(Santiago 4:10)

Hay una promesa en la Escritura anterior que no puede ser ignorada. A pesar de que ha sido escrito de forma tan clara y simple, ponerlo en práctica es otra historia. Tenemos que estar dispuestos a admitir que no podemos prevalecer en esta posición de necesidad sin que Él intervenga, por lo tanto, es necesario clamar por Su ayuda. Esto, a su vez, desactivará una de las mayores armas de satanás, el orgullo. El mismo elemento que causó su caída, es ahora la misma arma que utiliza para engañar a otros para que pierdan terreno ante Dios. Humillarnos delante del trono de Dios no sólo ayudará a rescatar lo que satanás ha robado, sino que también seremos exaltados por Dios debido a nuestros esfuerzos.

Humillaos, pues, bajo la poderosa mano de Dios, para que él os exalte cuando fuere tiempo; (1 Pedro 5:6)

Éste denodado esfuerzo para ponernos bajo la poderosa mano de Dios permite que una paz envuelva nuestras mentes, lo que hace que sea más fácil dejar todo en sus manos.

Hay otra razón por la cual Dios utiliza el clamarle en nuestro beneficio. Garantizará que tu petición será escuchada. Aunque el Señor no es sordo, y además Él sabe lo que vamos a decir antes de que salga de nuestra boca, no es tanto el volumen de nuestro clamor lo que hace que Él responda a nuestra necesidad. Es más bien la intensidad de nuestro esfuerzo lo que captura Su atención. Entonces tiene la posibilidad de ser escuchado desde el Templo hasta llegar al trono del cielo, precisamente donde tiene que estar, en Sus oídos.

Ejemplo del Señor para Nosotros

El Señor mismo nos dejó un gran ejemplo de lo que un clamor es capaz de lograr. Él estaba quebrantado por la muerte de su mejor amigo, Lázaro, y cuando entró en la ciudad, se abrió paso hacia la casa de Lázaro para ofrecer Sus condolencias a sus hermanas, María y Marta. Ciertamente Él estaba quebrantado emocionalmente en Su interior pero muy tranquilo en el exterior. Lo que vino después no fue completamente inesperado, pero el grado de emoción del Señor era sin duda más apasionado que lo previsto. Mientras que ministraba a María, su llanto lleno de lágrimas y emoción Lo conmovió profundamente, haciéndolo estremecer en Su espíritu, y Él también se echó a llorar.

Jesús entonces, al verla llorando, y a los judíos que la acompañaban, también llorando, se estremeció en espíritu y se conmovió, y dijo: ¿Dónde le pusisteis?

Le dijeron: Señor, ven y ve. Jesús lloró.
(San Juan 11:33-35)

Nuevamente sosegado, ofreció una oración simple que produjo resultados milagrosos. Un fuerte clamor siguió esta oración y observen el resultado.

Y habiendo dicho esto, clamó a gran voz: !Lázaro, ven fuera! Y el que había muerto salió, atadas las manos y los pies con vendas, y el rostro envuelto en un sudario. Jesús les dijo: Desatadle, y dejadle ir.
(San Juan 11:43-44)

Aquel clamor hizo que la naturaleza se invirtiera y la muerte fue convertida en vida. Mejor aún, la libertad se desenvolvió de la esclavitud y fue liberado por completo para cantar las alabanzas de su Dios. Cuando hacemos el esfuerzo concertado para clamar a Dios, tendremos el mismo resultado.

Un Clamor en El Paso

Hace varios años, yo estaba ministrando en el área de El Paso cuando me encontré con una situación la cual me gustaría compartir. Cuando una madre me pidió que orara por su hijo, era una petición que nunca había recibido antes. Este jovencito de seis años de edad no podía hablar. Me enteré de los detalles de su discapacidad cuando más tarde hablé con la madre en privado. Ella dijo que su hijo había nacido prematuro y pesaba menos de cuatro libras a la edad de seis meses. Cuando a los dos años de edad él todavía no hablaba, ella hizo que le revisen la audición y los médicos confirmaron que no había nada malo con su oído. Más tarde se descubrió que sus cuerdas vocales no se habían desarrollado completamente, resultando por consiguiente su incapacidad para hablar. El pronóstico del doctor era que él nunca sería capaz de hablar y sugirió a su madre que el aprendiera a comunicarse mediante el lenguaje por señas. Su compromiso con él era implacable, y estaba decidida a usar cualquier recurso que fuese necesario para hacer la vida de su hijo lo más normal posible. No hay nada como la tenacidad y determinación de una madre para impulsar la mejoría en la vida de su hijo. Con esto en mente, ella lo inscribió en una escuela regular sin un programa de educación especial. Esta decisión resultó ser desastrosa debido a las miradas y burlas que su hijo tuvo que soportar.

Cuando mi mamá fue puesta en una situación similar, esta mujer tranquila no permitió que la maestra a la que fui asignado se negase a enseñarme a causa de mi discapacidad. Muy alterada, ella irrumpió en la oficina del director, muy fuera de sí, y le habló sin reservas. Él nunca lo vio venir y, ciertamente, nunca supo cómo paso. Por supuesto, ella, mi maestra, tuvo que pedir disculpas y nunca tuvimos problemas con la escuela en sí. Esto no detuvo a los estudiantes de tomarme el pelo y burlarse de mí. Me pusieron un apodo que nunca me gustó. Yo era conocido por muchos estudiantes como "dedo". Por el hecho de que los dedos de mi mano derecha eran a veces incontrolables, les parecía que les estaba mostrando el dedo de en medio. Ellos se turnaban pidiendo ver mi mano sin vida, y al hacerlo, me humillaban diciendo: "¡Oh por Dios, nos sacó el dedo de en medio!", y se iban, riéndose casi hasta las lágrimas.

Fue en un punto similar en la vida de este pequeño niño que su madre vino a mí, no sólo angustiada sino en la desesperación. Ella se había enterado que en la escuela los niños imitaban los diferentes sonidos que su hijo hacía al intentar comunicarse. Ellos lo veían casi como un monstruo, tal vez incluso un animal, y usaban todas las oportunidades posibles para hacerlo el objeto de todas sus bromas groseras y mal educadas. Ella estaba dispuesta a hacer cualquier cosa para traer paz a la vida de su niño, y estaba, en esencia, pidiéndole a Dios un milagro.

La Presión Continuó Aumentando

La presión había ido aumentando lentamente y la estaba golpeando desde diferentes direcciones. No sólo tenía que lidiar con lo que los otros chicos estaban haciendo, también la escuela estaba pidiendo que su hijo pasara un examen para permitirle permanecer en la escuela pública. Si fallaba ese examen, no tendría más remedio que ponerlo en una escuela especial. Había momentos en los que no parecía tan mala idea, pero su hijo no quería siquiera considerar esa posibilidad. Él quería quedarse a todo costo, y su mayor deseo era tener la capacidad de hablar como los demás.

Debo admitir que cuando estoy en situaciones similares donde las personas están tan desesperadas, a pesar de que no soy yo quien realiza el milagro, aun así mucha presión es puesta sobre mí. Siento que he sido llamado a este ministerio debido a las aflicciones que he sufrido en mi vida. Por eso, me he vuelto más sensible a las necesidades de los demás y mi compasión en realidad se vuelve más empatía que otra cosa. Cuando puse mis manos en este pequeño, estaba muy decepcionado porque después de la oración nada había cambiado. Su forma de comunicación seguía siendo la misma, y no sólo me sentí mal por él, sino también por su madre. Terminé el avivamiento de ese día algo abatido. Empecé a culparme a mí mismo por no haber podido ser parte de la bendición de esta familia que había creído en Dios. Aprendí ese día que Dios no necesita una plataforma pública para hacer milagros.

Un Último Clamor

El día siguiente resultaría ser una especie de juicio final. El examen se tomaría, nada había cambiado en su forma de hablar y toda esperanza se había perdido. Completamente quebrantado sobre su difícil situación, el joven comenzó a clamar a su Dios. Mientras recostado en su cama por la noche, las lágrimas comenzaron a rodar por sus mejillas, y en su propia pequeña manera clamó a su Dios. Lloró sin detener durante mucho tiempo, y siguió llorando hasta quedarse dormido.

Fue en ese momento que la gloria de Dios encontró su camino hacia su dormitorio. Dios había escuchado su clamor y entrado en su vida para hacer algo al respecto. Mientras dormía pacíficamente, el Señor comenzó a operar mientras los ángeles estaban de pie a su alrededor aplaudiendo su grandeza y dándole gloria. Cuando el niño se despertó a la mañana siguiente, lo inimaginable había sucedido. El Señor había tocado su cuerpo formando completamente sus cuerdas vocales, y se despertó hablando como cualquier otro niño. Cuando el resto de la familia se enteró de lo que había pasado, lágrimas de alegría corrieron por sus mejillas como si una presa se hubiera reventado. Sabían que era su Dios quien había respondido, y no cualquier terapia o medicamentos ofrecidos por el hombre. Más tarde ese día, con mucho orgullo mamá llevó a su hijo a la escuela, él se sentó y tomó su examen, y pasó la prueba brillantemente.

Casi un año más tarde, volví a esa iglesia en particular, y después de uno de los cultos noté a un pequeño niño juguetón corriendo por toda la iglesia, que emocionado platicaba sin cesar. Cuando pregunté quién era este niño tan feliz y contento, el pastor respondió alegremente: "Es el niño que Dios sanó la última vez que estuviste por aquí." Yo no podía creer que estaba mirando al mismo jovencito que, hace apenas un año, no podía decir ni siquiera una palabra. Al igual que un arma automática, él estaba disparando balas verbales con tal claridad que nunca te podrías imaginar que anteriormente no podía hablar. Dios sabe cómo responder al clamor de su pueblo.

¿Fueron las aflicciones de su madre tan severas como para que ella tuviera que clamar a Dios? En realidad no. La razón para que esta situación persistiera por tanto tiempo fue que la inquietud por todo no había llegado aún a un nivel de desesperación. La respuesta estaba ahí esperando todo el tiempo, pero el clamor a Dios fue utilizado como una última opción, y por eso todo quedó en espera.

Viviendo con Desesperación

A medida que vivimos nuestras vidas en un mundo dominado por el estrés, son muchos los que han caído en la angustia. Cuando una persona está angustiada, se encuentra en una dolorosa situación, ya sea porque se siente en peligro o porque tiene una necesidad desesperada.[20] El estrés, por otro lado, puede ser causado por un factor físico, químico o emocional que provoca una tensión física o mental. El estrés continuo puede causar diversas enfermedades.[21] Tan grandes como han sido los avances en la medicina actual, nuestros medicamentos prescritos no han sido capaces de encontrar la raíz de nuestros problemas físicos. Sí, pueden aliviar el dolor temporalmente, pero una vez que pasa su efecto el dolor regresa misteriosamente.

Lo que hace este descubrimiento aún más asombroso es el hecho de que al ministrar a las personas en la iglesia, muy rara vez los problemas físicos que están sufriendo son en realidad físicos. Ya sea que fuere emocional o espiritual, me estoy notando que orar una oración por la sanidad física no alcanza el resultado deseado. Me encuentro indagando más profundo en sus vidas, utilizando palabras de sabiduría que me ayuden a llegar a la raíz del asunto. Una vez que la encuentre, si con los cuales trato admiten que es verdad, entonces podemos hacer frente a la fuente y por fin serán libres para ser sanados.

Cuando Jesús fue condenado a morir en la cruz, nos encontramos con que había otros dos hombres que habían sido condenados a una muerte similar. A causa de su pecado, la sentencia que fue pronunciada sobre ellos fue una de las más, si no la más cruel y dolorosa de las muertes que un hombre puede experimentar. De acuerdo con la ley del país en ese momento, estaban recibiendo exactamente lo que se merecían. Se puede decir entonces que sus vidas estaban en angustia. Siempre he estado impresionado por el hecho de que dos personas en la misma situación puedan reaccionar de manera tan diferente. Se ha dicho que si se entrevista a diez personas después de presenciar un accidente, recibirás once opiniones diferentes. Aun aceptando esto como cierto, todavía es sorprendente ver cómo la gente como nosotros reacciona de manera tan distinta en situaciones similares.

Dos Reacciones Diferentes

El primer delincuente en expresar su opinión lo hizo con una declaración de manera burlona.

Y uno de los malhechores que estaban colgados le injuriaba, diciendo: Si tú eres el Cristo, sálvate a ti mismo y a nosotros. (San Lucas 23:39)

Las tensiones y angustias que nos encontramos en la vida nos hacen expresar palabras que son un completo disparate. El dolor en el cuerpo y la mente tendrá un efecto tan profundo que vamos a decir cualquier cosa para escapar de esta tortura. Blasfemar contra el Señor no estaba por debajo de la dignidad de este hombre en particular, por lo que vociferar burlándose y ridiculizando a Dios era algo previsible. No debemos ser tan críticos con este hombre, porque Jesús mismo pronunció unas palabras que en realidad no eran ciertas ante la presión de pecado.

Misericordiosamente Afligido

Cerca de la hora novena, Jesús clamó a gran voz, diciendo: Elí, Elí, ¿lama sabactani? Esto es: Dios mío, Dios mío, ¿por qué me has desamparado?
(San Mateo 27:46)

Tomando esto en consideración, examinando las palabras del otro criminal crucificado se vuelve aún más impresionante. Aunque las palabras de su semejante estaban llenas de orgullo y arrogancia, sus palabras estaban enlazadas con la humildad mientras clamaba por última vez hacia Dios. Antes de hacerlo, tuvo el valor para poner al otro criminal en su lugar.

Respondiendo el otro, le reprendió, diciendo: ¿Ni aun temes tú a Dios, estando en la misma condenación? Nosotros, a la verdad, justamente padecemos, porque recibimos lo que merecieron nuestros hechos; mas éste ningún mal hizo. Y dijo a Jesús: Acuérdate de mí cuando vengas en tu reino. (San Lucas 23:40-42)

El Señor tenía de hecho una respuesta para ambas apelaciones. El arrogante, insolente engreído pasó desapercibido y no fue escuchado, mientras que el criminal arrepentido recibió una promesa de vida eterna.

Entonces Jesús le dijo: De cierto te digo que hoy estarás conmigo en el paraíso. (San Lucas 23:43)

Si hubo alguna vez un clamor que valiera el esfuerzo, era ese.

El Impacto del Clamor

El impacto de clamar a Dios es una forma de comunicación que el mismo Señor utilizó. Después que los efectos de la crucifixión habían hecho huella en su cuerpo físico, e incluso bajo la más severa de las aflicciones, Él todavía se encontró a sí mismo alcanzando a las almas perdidas. Una vez que su misión se completó, con la angustia marcada en su rostro, hizo un último esfuerzo para clamar a Dios. Aunque respirar le costaba un gran esfuerzo, reunió la fuerza suficiente para un clamor final.

> *Cuando era como la hora sexta, hubo tinieblas sobre toda la tierra hasta la hora novena. Y el sol se oscureció, y el velo del templo se rasgó por la mitad. Entonces Jesús, clamando a gran voz, dijo: Padre, en tus manos encomiendo mi espíritu*
> (San Lucas 23:44-46)

El apóstol Juan se hizo cargo de registrar sus últimas palabras cuando escribió esto:

> *... dijo: Consumado es. Y habiendo inclinado la cabeza, entregó el espíritu.* (San Juan 19:30)

¿Qué significa todo esto para nosotros mientras tratamos de vivir nuestras vidas para Él? Cuando clamamos al Señor en nuestra angustia con una gran voz, lo que realmente estamos haciendo es imitarlo a Él, siguiendo su ejemplo. Esto no sólo garantiza que Él escuchará nuestro clamor, sino que también responderá. ¿Cuál es la respuesta? Consumado es, ya está hecho. Igualmente, tu tiempo de aflicción será nada más que un mal recuerdo de tu pasado. Uno cuya influencia en tu vida se reducirá a nada con el tiempo. La restauración no sólo va a traerte de vuelta a la normalidad, también se te permitirá ser exaltado por Dios (1 Pedro 5:6-7).

Todo Valió la Pena

Me gustaría terminar este capítulo, una vez más hablando de mi mamá. En los capítulos anteriores, ya había hecho mención de la gran influencia que ella tuvo ayudándome a entender la importancia de la oración. Como su madre antes que ella, ella usó el tiempo asignado para estar a solas con Dios para acercarse a su trono y a Su Majestad, hablando en otras lenguas. La transformación de su personalidad era tan extrema que era difícil creer que fuera realmente ella. No estaba avergonzada de llorar y gemir en el espíritu, y con sus lágrimas fue capaz de avanzar en el reino espiritual como pocos podían. Fueron esas lágrimas que me conmovían cuando yo ponía mi oreja a la puerta, como cuando era un niño pequeño y escuchaba a la abuela orar. Ahora yo era mucho mayor, pero lo que escuchaba a través de la puerta tenía el mismo efecto. Esto vale la pena mencionar porque a mi mamá le llevó un periodo de tiempo extremadamente largo para que sus oraciones fueran respondidas. Pasarían más de veinte años viviendo como madre soltera antes de que ella se casara con el hombre con el que vivió por el resto de su vida. Era una época en que para la sociedad el divorcio era desaprobado. Ella no sólo no tenía lugar en nuestra iglesia local, sino que el comportamiento condescendiente continuó en su lugar de trabajo.

Hubo períodos de desencanto, otros de desilusión, pero al llegar todos los días a casa después de la práctica la encontraba encerrada en su cuarto, clamando a su Dios. Cuando el Señor finalmente respondió a sus oraciones, lo que le condescendió fue más de lo que podía imaginar. Después del matrimonio, aunque no se podía considerar rica, ella vivió sin que le faltara nada. Era capaz de viajar los fines de semana sin reservas. Recuerdo haber hablado con ella de vez en cuando por teléfono en un sábado por la tarde, preguntando dónde estaba. En ese momento nosotros vivíamos en el sur de California, y sus ganas de viajar a veces la llevaban fuera del estado. Era común que respondiera a mi pregunta con "estamos en Arizona o en Oklahoma", u otros lugares de vacación que estaban por lo menos a más de 100 millas de distancia.

    Se notaba en su rostro que había rejuvenecido, y revivió no sólo en espíritu sino que también físicamente. Su sonrisa y su risa eran efervescentes y sin duda brillaban perpetuamente. Su vida había tomado un giro, sin duda para mejor, pero esto tuvo un gran costo. Los tiempos de dudas fueron muchos, intercalados con algunos momentos de fe. Las lágrimas a veces no se detenían y su mente estaba cansada por todas las aflicciones y el estrés. Pero si tuvieras hoy la oportunidad de hablar con ella acerca de su vida y preguntarle si todo había valido la pena, dudo mucho que escucháramos palabras pesimistas provenientes de su boca. Ella sabía que cuando clamó a su Dios, Él oyó su voz desde Su templo, y fue lo suficientemente claro para que Él escuchara, entendiera la situación y respondiera a su debido tiempo. ¡Su clamor valió la pena!

CAPITULO 9

En la Palma de Sus Manos

He aquí que en las palmas de las manos te tengo esculpida [grabada]; delante de mí están siempre tus muros. (Isaías 49:16)

Las imágenes esculpidas son una verdadera obra de arte. Las historias que cuentan son diversas, pero por lo general son de un artista que se ha tomado su tiempo para asegurarse de que esta obra labrada sea considerada como algo sensacional. El tiempo y esfuerzo para producir una obra maestra no puede ser calculado en minutos ni en sudor. No hay límites de tiempo para estas exquisitas creaciones, porque el artista nunca pensaría en engañarse a sí mismo con la oportunidad de crear algo que pocas personas podrían hacer. La perfección lleva tiempo, sin embargo, cuando un artista está verdaderamente sumergido en su trabajo, es fácil perder la noción del tiempo. El resultado final será entonces una obra genial, fina, detallada y precisa para ser admirada por todos.

Impresionados por Su Obra

Recuerdo en un viaje de misión a Panamá hace un par de años cómo me impresioné profundamente con las esculturas de madera hechas por algunas mujeres de tribus en las que habíamos ministrado. Después de que presentamos el evangelio y tuvimos la oportunidad de orar con ellas, se tomaron un poco de tiempo para mostrarnos sus obras. Los hombres de la tribu se habían ido a trabajar temprano en la mañana, dejando a las mujeres al cuidado de los niños. Como eran muy trabajadoras, se ocupaban de hacer artesanías para ayudar con ingresos adicionales a la familia. Como grupo, habían optado por probar suerte en esculpir madera. A medida que nos mostraban los diferentes animales labrados en madera, nos quedamos impresionados por estos objetos sorprendentemente precisos y complejos. El detalle por sí mismo demostraba que el trabajo era creado de forma meticulosa y cuidadosamente echo.

Por supuesto que se había fijado un precio para cada una de las esculturas mientras se dirigían a la ciudad de Panamá. Por otro lado, al menos ante sus ojos, el trabajo era inestimable. El valor de cualquier creación, ya sea escultura o pintura, generalmente depende del propio creador. Yo podría tomar un montón de pintura y salpicar con ellas un lienzo, y mi obra de arte no tendría mucho valor. Pero, si mi apellido fuese Picasso, la misma pintura valdría millones. Eso demuestra que muchas veces lo que se valora tanto en este mundo depende de nuestro conocimiento sobre quién lo creó primariamente.

Nuestro Valor Proviene de Él

Teniendo esto en cuenta, las Escrituras nos dicen que nosotros, los hijos de Dios, hemos sido esculpidos o grabados en la palma de Sus manos. Empezó desde cero, con nada más que tierra y barro para trabajar. Incluso con estos recursos limitados, Él fue capaz de crear una obra maestra. Su obra de arte fue detallada, meticulosamente elaborada, y particularmente minuciosa. Quería asegurarse de que esta creación reflejara Su imagen, por lo que se tomó Su tiempo para crearla. Aquí es de donde adquirimos nuestro valor. No somos nada sin Él, y sólo porque el Rey de la gloria nos ha creado tenemos mucho más valor de lo que merecemos.

De todas las características que Dios puso en el hombre, el hecho de que le dio una voluntad es un tanto desconcertante. Es desconcertante en el sentido de que la humanidad fue creada con la inclinación y la capacidad de pecar. En el futuro esto resultaría ser desastroso, pues significa tomar malas decisiones, equivocarse, y a veces hasta rebelarse contra su creador. Con Su mismo aliento el Señor nos ha dado, a nosotros su creación, la capacidad de amar. Esta capacidad única en el hombre nos permite adorar a Dios sin ser forzados. Más aún, comprendiendo que no somos una títere en una cuerda, podemos servir a nuestro Dios sin la sensación de ser esclavos. El objetivo final sería el de cultivar en el hombre el deseo de amar a Dios como Dios lo amo a él.

Resumiendo las cosas, llegamos a la conclusión de que el hombre tendrá más fallas que éxito, no hace falta decirlo. Habrá ocasiones en que nuestras vidas serán más un reproche que una bendición, y Lo a avergonzaremos más de lo que le traigamos orgullo. Dios en su sabiduría, Él ya lo sabía. Aunque se ha dicho que la locura es hacer la misma cosa una y otra vez y esperar un resultado diferente (Albert Einstein),[22] Dios es el único que puede esperar de nosotros un resultado diferente a pesar que le hemos fallado continuamente en el pasado, sin que esto signifique que Él esté loco. Por ello, su opinión acerca de nosotros nunca ha cambiado.

Se acordó de que eran carne, Soplo que va y no vuelve.
(Salmos 78:39)

Reconociendo que somos propensos a fallar, Él nos ha proporcionado una manera segura de no fracasar para mantenernos en buenos términos. Este es Su inmerecido favor, también conocido como gracia.

Y me ha dicho: Bástate mi gracia; porque mi poder se perfecciona en la debilidad. Por tanto, de buena gana me gloriaré más bien en mis debilidades, para que repose sobre mí el poder de Cristo.
(2 Corintios 12:9-10)

Si algunos de ustedes creen que han tropezado demasiado lejos de Dios, tanto que incluso Su gracia no podría alcanzarlos para arrebatarlos de las garras del enemigo, están muy equivocados. Es por nuestros pecados que Dios estuvo dispuesto a pagar el precio más alto, muriendo en la cruz por nosotros. Es cuando hemos tocado fondo y no hay nada de Dios dentro de nosotros cuando Él hace su mejor trabajo. Él espera con anticipación, tener otra oportunidad para utilizar Su fuerza cuando nos encontramos en nuestro punto más débil. En las mentes de aquellos que no lo conocen, suena como un plan destinado al fracaso desde el principio. Por otro lado, como Sus hijos que somos, en nuestras mentes estaremos siempre agradecidos de que Su gracia esté siempre disponible para recogernos y salvarnos dondequiera que estemos.

La Mujer sin Nombre

La Biblia registra una historia que presenta a este personaje bíblico de una manera extraña. Lucas nos escribe acerca de una mujer sin nombre (San Lucas 7:36-50). En realidad, ella si tenía un nombre, pero nunca fue mencionado porque su reputación era tal que ni siquiera había necesidad de articular su nombre. Era conocida como "la mujer que era pecadora". Ahora, ¿alguna vez has entrado tarde en una conversación donde todos en ese grupo ya han empezado sin ti? A pesar de que no mencionan nombres, tan pronto como oyes los detalles de lo que está pasando, sabes exactamente de quién están hablando. ¿No es asombroso cómo podemos reconocer a la gente aún sin mencionar sus nombres? Cuando tu nombre se ha visto empañado por una mala reputación, limpiarlo es literalmente imposible. Esa es una de las razones por la cual las Escrituras nos exhortan a mantener siempre nuestro buen nombre (reputación).

> *De más estima es el buen nombre que las muchas riquezas...* (Proverbios 22:1)

En lo que se refiere a esta "mujer que era pecadora", después nos enteramos indirectamente por las Escrituras de cuál había sido su delito para recibir un apodo tan duro. Los detalles de su vida eran pocos y realmente no sé cómo empezó en esta profesión (prostitución). ¿Fue por su propia elección o le sucedió algo traumático en su vida para caer en esto? Debido mi experiencia tratando con personas maltratadas, ya sea sexual, física o emocionalmente, no importa cual, tú elige, he descubierto que a partir de estos abusos surge la promiscuidad. ¿Es esto lo que le pasó a esta mujer a una edad más temprana? Sólo podemos especular porque la Escritura no habla con respecto a este tema. Lo que sí sabemos acerca de ella, por sus acciones, es lo siguiente. Odiaba su vida actual, y lo ocultaba muy bien con su estilo de vida ostentoso. Ella era buena en lo que hacía y le pagaban bien por ello. El problema que se le presentó era similar al que tienen que enfrentar las personas adictas cuando se trata de lidiar con su vicio. Realmente quieren parar, pero simplemente no saben cómo hacerlo. Pensaba que ella ya estaba demasiado hondo como para salirse y que sus malas decisiones no podían ser revertidas. La aparente confianza que mostraba en público era nada comparada con la consternación que sentía por dentro. Se estaba literalmente derrumbando a pedazos, y no había nada que pudiera hacer al respecto.

Desde hace algún tiempo, había oído hablar de un hombre que realizaba milagros en la área, no sólo los físicos, sino también emocionales. A medida que se iba haciendo la idea de enfrentarse con este hombre de Dios, su mayor temor era el rechazo. Si había alguien en el mundo que entendiera lo que significaba el rechazo, esa era ella. Quiero decir que a excepción de sus amantes no tenía amigos. Las otras damas de la ciudad ni siquiera le darían la hora. Ella estaba vestida con lo mejor que el dinero podía comprar, sus perfumes eran enviados desde el Oriente, tenía más dinero del que nunca podría gastar. El problema era que ella no tenía a nadie en su vida con quien disfrutarlo, y eso le trajo una gran depresión.

Parada al Otro Lado de la Calle

¿Cómo reunió el valor de pararse al otro lado de la calle donde Jesús estaba ministrando ese día?, no lo sabemos porque las Escrituras no lo mencionan. Me puedo imaginar lo que pasaba por su cabeza mientras trataba de reconciliarse con sus pensamientos. Lo que a ella le costaba aceptar tal vez era, que a pesar de que ella había elegido un estilo de vida condenado por las Escrituras y por Dios, ella todavía era una hija de Jehová. Un hijo de Dios nunca pierde los beneficios prometidos en la Palabra mientras haya un corazón dispuesto a arrepentirse y andar en vida nueva. Jeremías prácticamente confirmó esto cuando escribió este pasaje sobre el gran amor que el Señor tiene por su pueblo.

> *Y les daré corazón para que me conozcan que yo soy Jehová; y me serán por pueblo, y yo les seré a ellos por Dios; porque se volverán a mí de todo su corazón.*
>
> (Jeremías 24:7)

Lo mejor que el cielo tenía para ofrecer estaba a una oración de lejos. Con un esfuerzo total, la restauración podría ser posible mediante un corazón contrito y humillado, al que Él nunca podría rechazar. Ella pensaba que para que esto pudiera funcionar, el Señor tendría que crear un nuevo corazón en ella ya que el suyo se había roto tantas veces. Esto, por supuesto era realizable, porque ella estaba tratando con el creador del universo quien podría crear cualquier cosa.

que formo la luz y creo las tinieblas, que hago la paz y creo la adversidad. Yo Jehová soy el que hago todo esto. (Isaías 45:7)

El siguiente paso sería el más difícil, ya que sería el primer paso hacia el Maestro. Se ha dicho que la tarea más difícil de completar es la que nunca se ha iniciado. No importa quien tenga el mérito por esta declaración, hay que admitir que hay mucha sabiduría en esas palabras. Mira cómo se expresa Helen Keller hablando de una situación similar:

"Ustedes se han fijado una tarea difícil, pero tendrán éxito si perseveran;.. Y encontrarán alegría en la superación de los obstáculos. Se de buen ánimo. No piensen en los fracasos de hoy, sino en el éxito que pueda venir mañana... Recuerden, ningún esfuerzo que realizamos para lograr algo hermoso se pierde."[23]

Ella respiró profundo y se dirigió al otro lado de la calle. Podía oír las palabras del Maestro mientras daba su mensaje de esperanza, y casi fue suficiente para detenerla. Pero la determinación que la había traído hasta este punto se hizo cargo de la situación y ella abrió la puerta, dando un paso hacia adentro. Puedo imaginar las miradas horrorizadas y las exclamaciones dirigidas hacia ella mientras que los que la conocían no podían creer su descaro al entrar. Para aquellos de la multitud que no la reconocieron, un vistazo a la caja de alabastro bastaría para causar la misma reacción. Para una mujer de mala reputación, su caja de alabastro era una de sus posesiones más preciadas. La caja en sí era costosa, pero los perfumes dentro de esta lo eran aún más. Eran estos perfumes los que le permitían seducir a sus amantes, creando un estilo de vida de lujos que pocas personas podían sostener.

La indignación y la ira fueron sólo dos de las emociones mostradas por la multitud sorprendida, pero cuando Jesús percibió su indignación los calmó con una parábola. Le hizo una pregunta a Simón sobre quien pensaba que estaría más agradecido cuando una deuda era perdonada. ¿Sería la persona a la que se le perdonaba poco o a la que se perdonaba mucho? Por supuesto que a la que se le perdonaba mucho, respondió Simón. Entonces Jesús fue a enfrentarse directamente a la multitud, para explicarles lo que había sucedido cuando esta mujer pecadora dio su ofrenda.

> *Y vuelto a la mujer, dijo a Simón: ¿Ves esta mujer? Entré en tu casa, y no me diste agua para mis pies; mas ésta ha regado mis pies con lágrimas, y los ha enjugado con sus cabellos. No me diste beso; mas ésta, desde que entré, no ha cesado de besar mis pies. No ungiste mi cabeza con aceite; mas ésta ha ungido con perfume mis pies. Por lo cual te digo que sus muchos pecados le son perdonados, porque amó mucho; mas aquel a quien se le perdona poco, poco ama. Y a ella le dijo: Tus pecados te son perdonados.*
> (San Lucas 7:43-48)

¿Una Conclusión Previsible?

El hecho de que Jesús recibiera su ofrenda sin dudar, no prueba de que fuera una conclusión previsible. Noten que según las Escrituras, inicialmente se le acercó por detrás (San Lucas 7:38), lo que indica que todavía tenía algunas dudas en cuanto a sobre si iba a ser aceptada o no. Su muestra de gran emoción mientras le regaba los pies con sus lágrimas era evidencia más que suficiente para que Dios pudiera perdonarla. Después de la reprimenda a la multitud, les dijo algo que me pareció profundo. Fíjese en el versículo 50 de San Lucas, capítulo 7: *Pero él dijo a la mujer: Tu fe te ha salvado, ve en paz.* Encuentro esta declaración en la historia escrita por Lucas muy profunda, en mi opinión es más bien una demostración de amor que de fe. Pueden diferenciarse conmigo si quieren, pero me puedo imaginar a esta mujer completamente quebrantada delante del Señor, ungiendo sus pies con su más preciada pertenencia, esto solo me dice a gritos el "amor sin reservas" demostrado por ella. Porque el Señor no es hombre para que mienta, tiene que haber una respuesta, incluso aunque no sea lógica. Profundizando un poco más me di cuenta a que se refería Jesús, y comprendí. En efecto, fue la fe que ella demostró ese día lo que le trajo su libertad. Pero la fe que Jesús vio en ella no se inició en el momento del lavado de sus pies. Él se dio cuenta de que su fe se había originado y soltado cuando ella cruzó la calle. Ella no tenía garantías, seguridad, ni siquiera una promesa de que sería perdonada, y mucho menos de que le sería permitido estar delante del Señor para ministrarle. Sin embargo, por su fe dio ese primer paso. Resultó ser un paso que cambiaría el curso de su vida.

El testimonio que acaban de leer en las Escrituras es uno de los muchos ejemplos descriptivos que el Señor deja para nosotros en Su Palabra. Él ha elegido este método de comunicación, no sólo para aumentar nuestra fe, sino porque en Su sabiduría Él entiende que también nos relacionamos con palabras pintorescas. Las pinturas nos ayudan a explicar lo inexplicable, esas situaciones en la vida que no tienen ningún sentido en lo absoluto. Yo elegí la Escritura en Isaías 49 utilizada al principio del capítulo para ayudar a demostrar este hecho. La primera parte de la Escritura se explica por sí misma, me tomó investigar un poco más para descifrar a donde quería llegar el Señor cuando Él le permitió a Isaías usar esas palabras pintorescas.

Usando Palabras Pintorescas para Comunicarse

No hay mucho que dejar a la imaginación cuando lees que Dios nos ha esculpido (grabado) en la palma de Su mano. Era importante para Dios usar las escrituras de Isaías para ayudarnos a nosotros, sus hijos, a comprender de una manera más ilustrativa de cómo Él nunca nos desampararía ni nos dejaría (Hebreos 13:5). Se me ocurre según nuestras propias experiencias, que hay por lo menos dos casos que nos ayudan a entender las cosas que Dios está tratando de hacer por nosotros. En primer lugar, ¿Alguna vez te has cortado en la palma de tu mano? Podría ser tan inofensivo como un corte de papel, o uno lo suficientemente profundo que requiera una intervención quirúrgica. Cual sea que fuere, el contacto con cualquier objeto será una prueba positiva de que la cortada sigue ahí. Hasta que finalmente se cure por completo, cualquier golpecito en la mano causará algún tipo de dolor en tu cuerpo. En segundo lugar, en los días que estamos viviendo (2013), los tatuajes son excepcionalmente populares. Se ha llegado al extremo de que los tatuajes son considerados arte corporal. Dicho esto, hasta que la tecnología se ponga al día, deshacerse de un tatuaje es más fácil de decir que de hacer. El Señor a través de Isaías quería que supiéramos que el pacto que había hecho con nosotros era de larga duración. Él no es del tipo de Dios que no es de fiar, ni el que hoy está aquí y mañana no. Podemos contar con Él todas las horas del día, todos los días de la semana, todas las semanas del mes y todos los meses del año. Vamos a darnos cuenta que deshacernos de Él no es tarea fácil. Además de este ejemplo de tatuajes, debemos tener en cuenta el lugar exacto donde Dios los ha colocado. ¿No sería más lógico poner nuestra imagen en Su brazo o en Su hombro? Porque Sus manos son las manos de la provisión, y cada vez que extiende las manos para proveer algo a otra persona, nuestra imagen estará justo en frente de Sus ojos. ¡Qué maravillosa manera de recordarle que nuestra petición aún no ha sido respondida y que todavía está pendiente! Incluso, si por alguna extraña razón Él quisiera deshacerse de nosotros, estaremos grabados en la palma de su mano para que no nos olvide fácilmente. Si por medio de las Escrituras usted puede imaginarse todo esto, el Señor ha cumplido su objetivo a través de las palabras de Isaías.

Una Imagen que no se Entiende Fácilmente

La segunda parte de la Escritura no es tan descriptiva. Esta ilustración necesita un poco más de explicación y me tomó un poco de tiempo para averiguar su importancia. *Delante de mi están siempre tus muros* no provocó ningún beneficio espiritual en mí hasta que empecé a pensar en los muros de la vida diaria y el uso que les damos. Por alguna razón, empecé con los muros interiores de un hogar y comencé a dibujarlos en todas las áreas de la casa. En la construcción de muchos hogares, una vez abierta la puerta principal, te diriges a través de un pasillo hacia el resto de la casa. La mayoría de las veces, en esos pasillos encontrarás fotos. Estas imágenes muestran la historia de esa familia en particular, por lo general desde el primer día. En esa pared se encuentran las imágenes del día de boda, fotos de los nacimientos de los bebés, y todo lo demás, incluyendo las graduaciones en diferentes momentos de su educación. En estas imágenes verás que la novia alguna vez fue talla cuatro, y también verás que en esos días el marido no era calvo. Verás las diferentes etapas en el crecimiento de cada niño, y tal vez incluso podrás contemplar en el muro a alguien que no reconoces. Sin saber que un niño había muerto en la familia quizás indagues sobre quién es y por qué no hay más fotos de él. Esto traerá una respuesta a tu pregunta, pero será una llena de reserva y de dolor. Con todo, los cuadros en la pared cuentan historias de los buenos tiempos y también de los malos momentos.

Creo que el Señor ayudó a Isaías a utilizar estas palabras ilustrativas para que nos ayuden a comprender el compromiso que Dios tiene para con nosotros durante toda nuestra vida. Eso es algo que podemos aprovechar para fortalecer nuestra relación con el Señor. Por otro lado, con nuestras experiencias buenas y malas ante Su presencia, Él puede caminar libremente por los pasillos y corredores del cielo recordando constantemente de que todavía queda trabajo por hacer en nuestras vidas.

Estos mismos muros que utilizamos para colgar nuestros recuerdos más preciados son también los que se han caído y derrumbado en tiempos turbulentos. Siguen contando historias de sueños que nunca llegarán a hacerse realidad, o deseos abandonados a causa del pecado. Ellos han sido estremecidos por los planes que se les fueron de las manos, las relaciones que salieron mal, y la mala salud que truncó nuestra vida. Tal como Nehemías, quien se puso delante de los muros rotos de Jerusalén con una carga para su pueblo, también el Señor se coloca delante de nuestros muros rotos con el mejor de los deseos para reconstruir nuestras vidas en un lugar de paz.

Con todas las fotografías, ilustraciones y metáforas usadas por el Señor para convencernos de que Su misericordia es lo suficientemente grande como para restaurar nuestras vidas por completo, las dudas acumuladas durante los prolongados períodos de aflicción hacen que sea muy difícil de creer. ¿Por qué? Debido a que tiene la apariencia de algo fácil, y como dice el viejo refrán, ¡Si es demasiado bueno para ser verdad, entonces no lo es![24] Eso puede ser cierto en cualquier otro caso, pero en cuanto se trata de a la palabra de Dios, esto no es sostenible.

Píntale a Él una Imagen

¿Qué haremos entonces, cuando en el pasado nuestras palabras y nuestras súplicas no han sido lo suficientemente buenas para registrar una respuesta del Todopoderoso? Es tan simple como pintar una imagen. Cuando no sabes qué decir, cuando el desaliento ha llegado debido a la falta de palabras, pinta una imagen de tus emociones, igual que la "mujer que era pecadora". Sus acciones no sólo hablaron más fuerte que las palabras que hubiera podido decir. Hay otro dicho por el que nadie quiere tomar crédito, que también podríamos tomar en cuenta. "Una imagen vale más que 1,000 palabras."[25] Sin una palabra, esta mujer comenzó a pintar una obra maestra. Una que no sólo llevó al Señor a perdonarla, sino que era también una imagen para ser admirada por las generaciones venideras

Creo que hoy en día podemos aplicar esas mismas acciones en nuestras vidas con resultados similares. Puedes no saber qué decir, ni cómo decirlo, o si es o no el momento adecuado, pero puedes armarte de valor por el hecho de que esta mujer se sentía de la misma manera. Todo se inicia en el altar de la humildad. No tengas miedo de pintar una imagen de absoluta inutilidad, ya que si lo haces en la fe, será la mejor imagen puedas pintar. También le confirmará al Señor que tú crees que has sido colocado en la palma de sus manos, el lugar donde Dios hace su mejor trabajo.

CAPITULO 10

No Obstante Dios Hará Un Camino

He aquí que yo hago cosa nueva; pronto saldrá a luz; ¿no la conoceréis? Otra vez abriré camino en el desierto, y ríos en la soledad. (Isaías 43:19)

La palabra en inglés "nevertheless" (no obstante) siempre ha sido intrigante para mí. En realidad se trata de tres palabras puestas juntas para formar una sola (never: nunca; the: el; less: menos). Si tomamos las palabras por separado dos de ellas son de alguna manera ineficaces. Una vida llena de "nunca" no podría ser una vida que valga la pena. Mucho peor aún es tener la etiqueta de siempre hacer lo "menos" conectada a cualquiera de nuestros esfuerzos. Por último, la palabra "el" no tiene ningún sentido en absoluto, y ¿quién quisiera perseguir sueños sin sentido? De hecho, podríamos juntar esas tres palabras como una frase y obtener una descripción totalmente diferente. La frase "never the less" no garantiza obtener lo mejor (nuestras suposiciones) pero lo que se produce no será lo menos.

Podríamos entonces tomar la palabra por sí misma y su definición cobra peso. Por definición "no obstante" significa a pesar de.[26] Independientemente de nuestras aflicciones, debilidades, carencias, inseguridades, dudas y fracasos Él, nuestro Dios, todavía nos ofrece lo mejor. Hay sesenta y cuatro menciones más de esta palabra en el Antiguo

Testamento (NKJV) pero tan solo en esta ocasión habla con semejante soberanía mezclada con esperanza. La palabra hebrea usada aquí *"yasha"* significa Dios vengará, defenderá, protegerá, rescatará y traerá salvación a aquellos que confían en Él.[27]

Incluso hay un mensaje de "unicidad" escondido que podemos extrapolar para fortalecer nuestra posición en comprender la revelación de la Deidad. Nadie que esté pensando bien admitiría servir a tres personas separadas, pero la doctrina Trinitaria está dispuesta a colocar a tres personas separadas en una Deidad.[28] Esto es muy parecido a poner las palabras never, the, less en una sola frase que tiene más sentido haciéndola más monoteísta. Es solo cuando ponemos a Dios en una palabra y no en una frase, moviéndose a través de la eternidad manifestándose a Sí Mismo de maneras diferentes que obtenemos el impacto completo de Su poder y gloria.

Siendo Creativo

La Escritura que citamos en Isaías dice que Dios hará una cosa nueva para así poder hacer algo nuevo, algún tipo de acto creativo debe llevarse a cabo. Ser creativo no es nada más que traer algo a la existencia a través de una habilidad o diseño imaginativo.[29] Se podría pensar que con el estudio del cuerpo humano siendo tan accesible a cualquier persona en el mundo hoy en día, el sentido común nos diría que el cuerpo humano no es la casualidad de una explosión accidental. El diseñador de sus complejos sistemas tendría que ser por lo menos un genio con algo más a su favor que "la teoría del Big Bang", haciendo aún más difícil aceptar la teoría de la evolución. Tomemos un poco de tiempo para examinar verdaderamente los sistemas respiratorio y circulatorio. Tampoco se pueden ignorar o pasar por alto los sistemas nervioso y reproductivo.

Tan solo el hecho de que la medicina en sí no puede generalizar sus métodos y medicamentos para tratar a todos estos sistemas por igual para nuestra recuperación, debería decirnos algo. Cada una de estas áreas ha sido especializada, tanto así que los doctores aún están aprendiendo de su disciplina particular. No hay tal cosa como un experto en todas estas áreas porque hay mucho más que aprender que la cantidad que saben, por lo tanto, el proceso continuo de aprendizaje aún se está llevando a cabo. Si podemos aceptar el hecho de que Dios, con su imaginación sin límites, fue el responsable de nuestra creación, entonces fácilmente podemos admitir que la creación del hombre verdaderamente acentúa Su creatividad. Añádase a esto la comprensión de que Él nos creó de la nada y se tendrá un argumento sólido como una roca de los poderes creativos de nuestro Dios.

El Lado Oscuro de la Creatividad

Si tan sólo toda creatividad fuera tan constructiva como la creatividad de nuestro Dios. Tristemente, toda la energía creativa que fluye por las mentes perversas es mucho más potente para crear aquel tipo de devastación de la cual es difícil recuperarse. Eso suele ser el propósito subyacente de la contabilidad creativa. Prácticas de contabilidad poco comunes se realizan con la intención de engañar a la gerencia, y si tienen éxito, las empresas incurren en pérdidas que nunca vieron venir. Así es exactamente como satanás actúa en la vida de un cristiano. De manera engañosa crea ilusiones para ocultar la verdad, alejándonos de la paz verdadera, y su elaborado plan se convierte en nada más que una fantasía.

Por otro lado, cuando Dios crea, Él crea a la perfección.

Yo hice la tierra, y creé sobre ella al hombre. Yo, mis manos, extendieron los cielos, y a todo su ejército mandé. Yo lo desperté en justicia, y enderezaré todos sus caminos; (Isaías 45:12-13)

Qué tal promesa la que nos ha dejado después de habernos creado a la perfección. El cuidado de nuestro Dios continúa guiándonos hacia la justicia. Y si eso no es suficiente, cuando la necesidad surja, Él dirigirá todos nuestros caminos. Durante años, la compañía embotelladora de Coca-Cola ganó millones de dólares con su lema: "Es algo real". Es un lema que debería haber sido atribuido a la capacidad creativa de nuestro Dios, porque Él verdaderamente ha creado algo real. No son ilusiones, no es temporal, y por seguro que no se autodestruirá.

La única responsabilidad de la humanidad es la de expresar su agradecimiento por el hecho de que Dios nos ha creado alabándolo todos los días.

Se escribirá esto para la generación venidera; Y el pueblo que está por nacer alabará a Jehová.
(Salmos 102:18)

Cuando Encontramos Obstáculos en el Camino

Ser creado a su imagen y semejanza, en perfección total, debería ser suficiente en nuestras vidas para mantenernos en el buen camino. Sin embargo, los dardos de fuego del enemigo son un gran obstáculo que nos impide recibir lo mejor de Dios. La carrera de obstáculos con la que tenemos que lidiar ocasionalmente es lo suficientemente dura como para frenar nuestro progreso en el reino de Dios. Un obstáculo puede ser alguien o algo que retrasa o interfiere en el progreso de algo en nuestras vidas.[30] Al igual que las aflicciones que fueron definidas en los capítulos anteriores, los obstáculos están destinados a ser temporales y solo temporales. El objetivo principal del enemigo, entonces, es tratar de convencernos de que realmente son permanentes. Cuanto más tiempo permanezcan en nuestras vidas creando caos, más fácil se volverá creer. Los obstáculos y aflicciones tienen entre si un parecido tan asombroso, que a veces es difícil notar la diferencia. Una vez más, al igual que las aflicciones, los obstáculos vienen en diversas formas. Pueden ser físicos o mentales, e incluso extenderse a nuestros problemas financieros.

Al tratar de encontrar alivio, es tan desalentador escuchar a los llamados expertos consejeros decir que en su experta opinión, no hay ninguna esperanza para nosotros. Porque satanás sigue afectando nuestras vidas en formas que son desconocidas para el hombre, y muchas veces ni siquiera tienen alguna palabra de consuelo para ayudar a aliviar nuestro dolor. El Señor, por Su parte, tiene un punto de vista diferente. Observa Su respuesta a las situaciones desesperadas en nuestras vidas.

> *He aquí que yo hago cosa nueva; pronto saldrá a luz; ¿no la conoceréis? Otra vez abriré camino en el desierto, y ríos en la soledad.* (Isaías 43:19)

Si Dios tuviera que sacar un conejo de un sombrero, por así decirlo, eso es posible. A pesar de ser posible, Él nunca elegiría ir por ese camino porque la mayoría de la gente lo consideraría como magia o un engaño. Dichos métodos están generalmente reservados para las brujas y el ocultismo. Cuando Dios provee, no es una ilusión o un juego de manos, es una cosa real. Si Él tiene que ir a un lugar en su arsenal que nunca antes ha sido utilizado, y que es desconocido para el hombre, repito, Él no se limita de ninguna forma o manera. Todo lo que necesitamos hacer es poner todo en sus manos y observar cómo trabaja el Maestro.

Confiemos en Dios para Hacer Algo Nuevo

Confiar en Él cuando hace algo nuevo en nuestras vidas es siempre una aventura, porque nunca se sabe qué camino va a tomar para proveer. Puede resultar ser algo nuevo para nosotros, pero debemos llegar a la conclusión de que no es algo nuevo para Él. En cuanto a los milagros se refiere, Él los ha estado creando desde el mismo momento en que Él creó el mundo. Nosotros somos los que tenemos que ponernos al día con Él y con Su gloria para que podamos, sin lugar a duda, dejar a Dios ser Dios. Porque nosotros somos sus hijos, y hay una gran cantidad de promesas a nuestra disposición. Una de esas promesas que se encuentran en los Salmos nos permite confiar incondicionalmente en Él.

> *En ti confiarán los que conocen tu nombre, Por cuanto tú, oh Jehová, no desamparaste a los que te buscaron.*
> (Salmos 9:10)

El hecho de que conozcamos Su nombre, y lo que Él es, nos trae beneficios que el resto del mundo desconoce. Hay poder en el nombre de Jesús, y una vez que un hijo de Dios entiende lo que ha sido puesto en sus manos, puede soltar ese poder para ver la gloria de Dios manifestarse en forma milagrosa. Su nombre nos ha sido revelado con un propósito y ese propósito es permitir la plenitud de Dios tenga la libertad para trabajar sin obstáculos en un mundo donde la mayoría de la gente no lo conoce.

Si conocer su nombre fuera el único requisito para vivir una vida exitosa en Dios, más gente estaría haciendo cosas grandes y poderosas por Él en sus vidas. Una persona lo suficientemente sabia como para entender que el nombre del único Dios verdadero le ha sido revelado, dará el siguiente paso para acercarse a Él.

> *Pero en cuanto a mí, el acercarme a Dios es el bien; He puesto en Jehová el Señor mi esperanza.*
> (Salmos 73:28)

Acercarse a Dios es un requisito previo a confiar en Él para lo imposible, porque se presentarán situaciones en las que habrá que embarcarse en un territorio desconocido. No podemos temer a lo desconocido cuando estamos en lugares que nos sacan de nuestra comodidad. En estos lugares de aguas inexploradas es donde el Señor ara más que un esfuerzo para revelarnos sus secretos. Sabiendo que muy pocos de sus hijos se aventuran a lugares donde otros no se atreven a ir, Él disfruta el tiempo que uno sacrifica para estar a solas con Él.

Una Revelación Más Sorprendente

La confianza es una calle de doble sentido y su eficacia es recíproca, por eso, hay momentos en que el Señor se pondrá a sí mismo en una situación complicada, extendiendo su confianza hacia aquellos que no lo conocen como su Salvador personal.

Cuando clames, que te libren tus ídolos; pero a todos ellos llevará el viento, un soplo los arrebatará; mas el que en mí confía tendrá la tierra por heredad, y poseerá mi santo monte. (Isaías 57:13)

Un pastor amigo mío me dio hace poco este testimonio que demuestra que esto es cierto. Había una pareja en particular que él había tratado de evangelizar a lo largo de un período de años. De vez en cuando, después de haber perdido contacto con ellos, los encontraba nuevamente, y de inmediato reiniciaba sus esfuerzos para presentarles el evangelio. Porque la vida había sido buena para el marido, y era dueño de un negocio próspero, servir a Dios no era una de sus mayores prioridades. De manera muy similar a la iglesia de Laodicea, él no necesitaba nada. A diferencia de la iglesia de Laodicea, él no reconocía a Jesús como su Salvador personal. No importa cómo le presentara el Evangelio a su antiguo amigo, el pastor nunca fue capaz de conseguir un compromiso por parte de ninguno de ellos. Mi amigo pastor comprendió que a menos que algo drástico ocurriera, siempre sería así. Después de perderles la pista la última vez, de cierta manera se sintió aliviado de ésta carga y otra vez sus vidas pasaron a un segundo plano.

Una vez más se volvieron a encontrar, y de nuevo el pastor comenzó a orar por esta pareja con renovado interés, el Señor le habló y le dijo: "Llama a tu amigo para decirle que hay un miembro de la familia que está mortalmente enfermo. Tú has sido instruido por mí (Dios) para ir a orar por ese miembro de la familia, y si se te permite hacerlo, yo (Dios) lo sanaré". Cuando el pastor marcó el número de su amigo, no sabía que la hija sufría de pancreatitis. Aunque otros habían orado por ella antes, la sanidad que recibió sólo fue lo suficientemente buena como para evitarle la muerte. La enfermedad seguía su curso y necesitaba ser sanada por completo. El amigo se sorprendió por el conocimiento del pastor sobre algo que le había mantenido en angustia durante siete años. Después de que fue permitido orársele, ya no volvió al hospital para los procedimientos mensuales que la mantenían en cama durante una semana. Con el dolor disminuyendo cada día, ella pudo reducir su dosis de medicación para el dolor a casi nada.

La información más interesante que pude recopilar acerca de ella a partir de nuestra conversación era lo que el doctor le contestó cuando le hizo una pregunta directa. "¿Algún día volveré a ser una persona normal de nuevo?" Le preguntó con curiosidad. Tan inteligente como él quería aparecer, la única respuesta que pudo darle es esta. "Realmente no lo sé, porque nadie en tu condición a quien yo haya tratado en el pasado ha vivido tanto como tú, por lo general han muerto después de setenta y dos horas", admitió con timidez. ¡Pueden imaginar eso! Un médico que se consideraba un experto en su campo no tenía ni idea de lo que estaba sucediendo en el cuerpo de su paciente. Les puedo decir exactamente lo que estaba pasando con ella. Dios estaba haciendo algo nuevo, algo que sólo Él podía hacer, y algo que no puede ser imitado por ningún médico en el mundo.

Esta muestra de misericordia cayó sobre una familia que realmente no conocía a Dios. En el pasado, en su búsqueda de la felicidad, siempre habían podido depositar su confianza en su colección de ídolos (no literalmente) para ayudarlos en su camino. Por ídolos me refiero a alguien o algo que no es Dios, y en lo que confiaban plenamente. Pero cuando se les presentó una situación donde el obstáculo ante ellos no tenía solución y la aflicción se hizo demasiado severa, a aquellos en quienes habían depositado su confianza en el pasado se los llevó el viento. En otras palabras, a la primera señal de calamidad, desaparecieron por completo. Por otro lado, por primera vez, y sin saber muy bien cómo orar, invocaron el nombre de Jesús, y Él respondió.

La respuesta para ellos fue similar a Su respuesta para todos sus hijos. Habían abierto las puertas a Su provisión, y Dios sabe cómo proveer. Por primera vez en sus vidas poseían la tierra y heredaban el monte santo de Dios, lo cual significaba que "Ellos gozarán de los privilegios de la iglesia en la tierra, y serán llevados por fin a los gozos del cielo, y ningún viento los arrastrara."[31] Fue en ese tiempo que los tres recibieron el bautismo del Espíritu Santo, hablando en otras lenguas. Mamá y papá fueron un paso más allá al entregar su vida por completo a Dios, siendo bautizados en el nombre de Jesucristo para el perdón de sus pecados.

No se Necesita Mucho para Producir un Milagro

Porque ellos estaban dispuestos a clamar a un Dios que les era desconocido, depositaron su confianza en Él, ellos pudieron obtener un milagro que muchos dijeron era imposible. El Dios a quien servimos no sólo es todopoderoso, sino que también siempre está dispuesto a mostrar Su poder y misericordia. Si esto fuera así, y lo es, entonces ¿por qué no hay más milagros en este mundo? Ha habido demasiada atención sobre las aflicciones de la vida sin ni siquiera considerar al que tiene el poder de quitarlas. En otras palabras, se necesita una fe de niño para creer que Dios ara más que un esfuerzo para hacer un milagro más allá de lo creíble.

Estoy completamente convencido de que la mayoría de las personas tienen la fe necesaria para recibir la solución que sólo Dios puede dar. Todos nosotros, básicamente, creemos que Dios puede hacer cualquier cosa. Es ese hilito de incredulidad sobre lo que Él puede hacer por nosotros que Le detiene en seco.

> *Jesús le dijo: "Si puedes creer, al que cree todo le es posible." E inmediatamente el padre del muchacho clamó y dijo: "Creo; ayuda mi incredulidad."*
> (San Marcos 9:23-24)

Es muy fácil identificarse con ese padre que se había acercado a Jesús con una petición de oración a la que Sus discípulos no pudieron responder. Al estar al extremo de su cuerda, él rompió en llanto ante el Maestro. La combinación de los ataques que su hijo sufría y la constante atención requerida para evitar que se matara finalmente había cobrado su cuenta emocional. Por todo lo que había sufrido durante tanto tiempo, se mostró confiado en que podía reunir la suficiente fe para recibir su milagro. El problema surgió cuando las dudas y la incredulidad comenzaron a atormentarlo con la misma violencia con que los ataques atormentaban a su hijo. Una cosa es creer en Dios para grandes cosas. Otra cosa es creer en Dios para grandes cosas en tu propia vida. ¿Alguna vez se han sentido así? Ya saben que Dios puede hacer cualquier cosa, pero ¿Está Él dispuesto a ir a ese extremo por ti? La única forma de averiguarlo es dar un paso de fe y ponerlo en obra. La fe sin obras es muerta (Santiago 2:26). Admitiendo sus deficiencias espirituales, el

Señor de todos modos le hizo el milagro y expulsó el mal espíritu fuera de su hijo. Creo que un dicho popular sería apropiado para esta situación, para demostrarnos a todos que no estamos muy lejos de nuestro propio milagro. "Dicho y hecho".

Caso y Punto

Al viajar a través del Medio Oeste a finales del año pasado, pasamos un tiempo en el estado de Indiana. En una Iglesia en la que ministraba por primera vez, realmente no estaba seguro qué esperar. Durante los preliminares, un gran espíritu de adoración se podía sentir a través de toda la iglesia. Por lo general, en esos momentos suelo examinar brevemente a la congregación para ver si hay algo a lo que el Señor quiere que yo preste atención para predicar o para ministrar en el espíritu. Esa mañana, mi mirada cayó sobre una pareja que parecía fuera de lugar. Digo fuera de lugar, ya que su forma de vestir era claramente de los años 70. Pensé que los días de los hippies y su cultura se habían terminado hace tiempo. Supongo que no. Tan simple como eran sus vestidos, me preguntaba si su forma de pensar también sería igual. Digo esto porque las personas que no son complicadas de ninguna forma tienen la capacidad de creer en Dios para grandes cosas.

Cuando llegó la hora de ministrar a los enfermos, la esposa llegó cojeando hasta el altar con su petición de oración. Ella hizo saber que había sufrido de escoliosis (curvatura lateral de la columna vertebral) durante muchos años. Además de eso, su pierna derecha era de unos tres pulgadas más corta que la izquierda, por eso cojeaba al caminar. Finalmente, su brazo derecho estaba algo tieso y sus movimientos eran restringidos. A pesar de que era adulta ya por algunos años, la expresión de su rostro me dijo otra historia. Ella me miró a los ojos como si fuera una niña pequeña, con toda la esperanza del mundo a su disposición.

Cuando le pregunté si creía que Dios podía sanarla, ella respondió con un rotundo sí. Después de una simple oración, el dolor en la espalda inmediatamente desapareció y tenía un poco más de movimiento en el brazo. Cuando la hice caminar para ver si algo había sucedido con su pierna, siguió cojeando. Entonces le hice sentar, levantando la pierna hacia mí, y oré de nuevo. Esta vez, cuando ella se levantó para caminar, caminaba perfectamente. El creador del universo había extendido su mano de misericordia sobre ella e hizo algo nuevo, algo que hasta ese momento ella no sabía que podía ser posible. Realmente no necesitó mucho de su parte para ser el receptor de lo mejor de Dios. Esa es la manera en que debe ser todo en nuestras vidas, constantemente recibiendo lo mejor que Dios tiene para ofrecer, llevándonos a un lugar de paz.

Por Qué no vemos Más Milagros Hoy en Día

Nuestra respuesta se encuentra en el pasaje de la Escritura presentado al comienzo de este capítulo. Si estudiamos la condición espiritual de Israel en el tiempo en que Isaías escribió, nos encontramos con que estaban en profunda desesperación. El cautiverio de los babilonios habían cobrado su precio y su moral estaba en su punto más bajo. Entre ellos la fe era casi inexistente, ya que habían vivido en el camino de la derrota demasiado tiempo. Teniendo esto en cuenta, el Señor hizo que Isaías amonestara al pueblo en el mismo capítulo para que recordaran quien era Él realmente.

Yo Jehová, Santo vuestro, Creador de Israel, vuestro Rey. (Isaías 43:15)

Para Israel recordar que su Dios, Jehová, era su Santo Rey y Salvador, era algo obvio. Tenían innumerables recuerdos de todo lo que pasó durante su éxodo de Egipto, y eso estaba para siempre arraigado en sus mentes. Es triste decirlo, con el paso del tiempo su imagen de Dios como creador se había quedado en el camino. Si Dios iba a sacarlos de su cautiverio, era necesario que creyeran que Él podía crearles un milagro.

La iglesia de hoy se regocija en el hecho de que ha encontrado un Rey y Salvador que ha provisto para ellos una nueva vida en Dios. La mayoría de nosotros en la iglesia de hoy no nos damos cuenta de que el Dios al que servimos sigue manteniendo el título de Creador. No hay que conformarse con menos en la provisión de Dios para nosotros, porque la salvación es sólo el primer paso. Sus promesas y bendiciones para nosotros se extienden a nuestra vida diaria, y deben ser aprovechadas. Tenemos que tomar las instrucciones dadas a Israel y aplicarlas en nuestra propia vida.

No os acordéis de las cosas pasadas, ni traigáis a memoria las cosas antiguas. (Isaías 43:18 NIV)

No obstante el pasado, pon tus fracasos detrás de ti. Olvídate de las veces que no fuiste sanado y de los tiempos en que las tensiones de la vida te han abrumado. Bórralas, por decir, la relación que salió mal en el pasado y las dificultades financieras que detuvieron tu prosperidad. No obstante, a pesar de todo, Dios está esperando por una oportunidad para crear algo nuevo en tu vida. Él es un maestro en la creación y es el único Dios que puede crear obras maestras de la nada. ¡Aflicciones a un lado, déjalo crear para ti hoy!

Notas Finales

1. Prophets and Personal Prophecy, Bill Hamon, pg. 35
2. Merriam-Webster.com/dictionary/affliction (aflicción)
3. Nelsons Bible dictionary/affliction (aflicción)
4. International Standard Bible Encyclopedia/Leah
5. Army.mil/info/organization/unitsandcommands/commandstructure/theoldguard/specplt/tomb.htm
6. Ibid.
7. New Unger's Bible dictionary/Jochebed
8. En.Wikipedia.org/wiki/ Marilyn Munster
9. Strong's Concordance (OT: 6961)
10. www.merriam-webster.com/seek (buscar)
11. wiki answers.com, famous people, Benjamin Franklin
12. wiki.answers.com ›... › Categories › Religion & Spirituality › Judaism
13. ibid.
14. en.wikipedia.org/wiki/Wall_of_Jericho
15. Merriam-Webster.com/dictionary/tender (tierno)
16. ibid.
17. ibid.
18. Strong's Hebrew – Greek dictionary (OT 5048)
19. Merriam-Webster.com/dictionary/cry (llorar)
20. Merriam-Webster.com/dictionary/distress (desesperada)
21. Merriam-Webster.com/dictionary/stress (estrés)
22. Brainyquote.com/quotes/quotes/a/alberteins
23. inspirationpeak.com/cgi-bin/search.cgi?search=Helen+Keller
24. Oxfordreference.com/search?siteToSearch=if+something+is+too+good+to+be+true
25. Wiki.answers.com/Q/Who_made_up_a_picture_is_worth_1000_words
26. Merriam-Webster.com/dictionary/nevertheless(no obstante)

[27] Strong's Greek/Hebrew dictionary/ nevertheless (OT: 3467)
[28] Cuando escribiendo originalmente esta parte del capítulo, Inmediatamente recibí un mensaje de error de Microsoft Word. Decía que mi contrato de números estaba mal. Hasta las reglas gramáticas en Ingles tienen problemas entendiendo la doctrina Trinitaria.
[29] Merriam-Webster.com/dictionary/create(hacer)
[30] Merriam-Webster.com/dictionary/obstacle (obstáculo)
[31] Matthew Henry's Commentary on the Whole Bible: New Modern   Edition, Electronic Database.

George Pantages Ministries

BOOKS AVAILABLE IN ENGLISH

LIBROS DISPONIBLES EN ESPAÑOL

GEORGE PANTAGES
Cell 512-785-6324
GEOPANJR@YAHOO.COM
GEORGEPANTAGES.COM

www.ingramcontent.com/pod-product-compliance
Lightning Source LLC
LaVergne TN
LVHW051605070426
835507LV00021B/2779